# 贾公彦《周礼疏》研究

杨学东 著

凤凰出版社

图书在版编目（CIP）数据

贾公彦《周礼疏》研究 / 杨学东著. -- 南京 : 凤凰出版社, 2024. 12. -- ISBN 978-7-5506-4345-1

Ⅰ. K224.06

中国国家版本馆CIP数据核字第2024BB1247号

| | |
|---|---|
| 书　　名 | 贾公彦《周礼疏》研究 |
| 著　　者 | 杨学东 |
| 责任编辑 | 李相东 |
| 特约编辑 | 张淑婧 |
| 装帧设计 | 陈贵子 |
| 责任监制 | 程明娇 |
| 出版发行 | 凤凰出版社(原江苏古籍出版社)<br>发行部电话025-83223462 |
| 出版社地址 | 江苏省南京市中央路165号,邮编:210009 |
| 照　　排 | 南京凯建文化发展有限公司 |
| 印　　刷 | 江苏苏中印刷有限公司<br>江苏省泰州市经济开发区鲍徐镇,邮编:225315 |
| 开　　本 | 890毫米×1240毫米　1/32 |
| 印　　张 | 7.875 |
| 字　　数 | 151千字 |
| 版　　次 | 2024年12月第1版 |
| 印　　次 | 2024年12月第1次印刷 |
| 标准书号 | ISBN 978-7-5506-4345-1 |
| 定　　价 | 88.00元 |

(本书凡印装错误可向承印厂调换,电话:0523-82099008)

# 目 录

# 绪　论

## 一、研究缘起和意义

《周礼》一书，于诸经中最晚出，始见于西汉之世。因其在汉初就没有传授源流可寻，所以从古至今，学者就《周礼》一书的作者及成书年代问题聚讼纷纭，莫衷一是。时至今日，作者及成书年代仍是《周礼》学史上的公案。

自东汉郑玄为《周礼》作注，使其定于一尊，唐代贾公彦所作之疏被列入官学，《周礼》的地位得到了极大提高，郑注贾疏也一直为学者所尊信。在经学史上，郑玄有着特殊的地位与贡献，其礼学成就尤其为后人所肯定。郑玄之前，并无《三礼》学的概念。自郑玄以一己之力完成了对《周礼》《仪礼》《礼记》的整理、校注之后，始有《三礼》之学。因郑玄兼习今古文经学，故《周礼注》亦能融合今古文经说，博观约取，广洽精详。孔颖达《礼记正义·月令》誉云："礼是郑学。"[①]皮锡瑞《经学通论》亦

① （清）阮元校刻《十三经注疏》，中华书局，1980年，第1352页。

云:“郑于礼学最精,而有功于《礼经》最大。”[①]后世治礼学者,莫不以郑注为宗。虽然魏晋时期,王肃礼学一度兴起,甚至夺去了郑学宗主之位,然而南北朝时期,《三礼》之学异常发达,郑学重又受到尊崇。南朝的崔灵恩、沈峻、皇侃、戚衮均有研究《周礼》的著作问世,北朝的徐遵明、刘献之、沈重、熊安生亦皆治《周礼》的大家。特别是崔灵恩的《集注周礼》、沈重的《周官礼义疏》、熊安生的《周礼义疏》等,是该时期研究《周礼》的代表性著作,这些《周礼》学著作皆以郑注为宗。遗憾的是,这些著作今已不存。

唐代贾公彦之《周礼疏》,亦以发挥郑学为鹄的。正如乔秀岩所指出的:“郑学为一体系,诸经郑注互相关联,构成一家学术。探讨其间条理,使此学术体系更趋精致,是为义疏郑学之要旨。”[②]贾氏讨论郑注的宗旨之一在于使诸郑注互相参证、发明。郑注语言精炼,许多训诂之义往往并不显而易见,贾疏往往能够推阐经注之旨,将其隐含之义抉发出来,甚至能够补充经注之旨。因此晁公武赞其“发挥郑学,最为详明”[③]。《四库全书总目》亦云:“公彦之疏,亦极博核,足以发挥郑学。《朱子语录》称,五经疏中,《周礼疏》最好。”[④]

---

① (清)皮锡瑞《经学通论》,中华书局,2015年,第378页。

② 乔秀岩《义疏学衰亡史论》,生活·读书·新知三联书店,2017年,第221页。

③ (宋)晁公武撰,孙猛校证《郡斋读书志校证》,上海古籍出版社,1990年,第99页。

④ (清)永瑢等《四库全书总目》,中华书局,1965年,第149页。

南北朝时期的《周礼》学文献散佚严重，作为南北朝至唐代唯一一部完整流传至今的《周礼》学著作，《周礼》贾疏是在南北朝《周礼》研究成果的基础上编著而成的，其中保存了不少前朝《周礼》研究的珍贵成果。毫无疑问，《周礼》贾疏具有弥足珍贵的文献学价值和经学价值。贾疏不仅对南北朝以来经师发挥《周礼》郑学的成果进行了总结，同时，其总结的成果又为晚清孙诒让所采用，并最终促成了《周礼正义》这部《周礼》研究的集大成之作。

然而，历史上对贾疏的评价，有褒有贬，并不一致。褒扬者除前述晁公武《郡斋读书志》《四库全书总目》外，黄侃《礼学略说》云："贾疏《周礼》，郅为简当，虽不无委曲迁就，而精粹居多；故孙氏新疏仍用者，十之七八也。"[①]钱玄的观点与黄侃类似："贾氏《周礼正义》简约平实。朱熹《语类》：'五经注疏，《周礼》最好。'盖以《周礼》本身行文整齐，故贾氏《周礼正义》亦有条不紊，阐义亦周。其博或不及孔氏，而精细则过之。"[②]抑之者如阮元谓其"而于诸子百家之单词精义，以及文字之假借，音读之异同，汉制之存亡，汉注之奥义，皆未能疏证发明之"[③]，方东树亦谓其于郑注"所发挥殊不得其肯綮"[④]。怎样看待这些褒贬

① 洪治纲主编《黄侃经典文存》，上海大学出版社，2008 年，第 269—270 页。

② 钱玄《三礼通论》，南京师范大学出版社，1996 年，第 59—60 页。

③ （清）阮元撰，邓经元点校《揅经室集》，中华书局，1993 年，第 239 页。

④ （清）姚范《援鹑堂笔记》卷八，清道光刻本。

不一的评价？另据姚范、孙诒让考证，贾疏很大程度上是因袭前朝旧疏而成。那么，贾疏究竟因袭自何处？又在多大程度上因袭了旧疏？在南北朝至初唐这段的《周礼》学史中，贾公彦又扮演了怎样的角色？弄清这些问题，将有助于客观评价贾氏其人其书在《周礼》学史上的地位。

## 二、研究现状

学界对《三礼》郑注的关注可以说很充分了，对孙诒让《周礼正义》的研究也渐成气候，但对于贾疏的研究，或许是由于相关材料匮乏，或许是因为历史上对其评价意见不一，则显得十分薄弱。目前所能见到的有关贾疏的研究成果，主要有三种形式。

第一种是在经学史、学术史或儒学史著作中略有涉及。例如，章权才《魏晋南北朝隋唐经学史》、吴雁南《中国经学史》等书，对贾公彦及《周礼疏》均有百余字的解题式介绍。李斌城主编的《唐代文化》也谈到贾公彦的《周礼疏》。历史上对《周礼》真伪的论辩一直是个热点，《唐代文化》对此进行了一番梳理，继而着重分析了《周礼》开篇之"惟王建国，辨方正位，体国经野，设官分职，以为民极"五句经文之义，但对贾疏则论述无多[①]。孙钦善《中国古文献学史》论贾疏则颇能抓住要点。孙先生将贾疏的特点概括为：(一) 宗三郑之注，尤以郑玄为主。

---

① 李斌城主编《唐代文化》，中国社会科学出版社，2002 年，第 706—715 页。

同时指出贾疏在音读、训诂、校勘体例等方面的发挥有疏略之处。（二）引证丰富。指出贾疏广引纬书及《仪礼》《礼记》《左传》《国语》《尚书》等以证经、注。值得一提的是，孙先生认为《周礼》贾疏同《仪礼》贾疏一样，并非奉敕而撰，而是自撰初稿在先①。此乃发前人之所未发。刘学智《中国学术思想编年·隋唐卷》、陈启智《中国儒学史·隋唐卷》则偏重于从学术思想方面来谈贾疏。如陈著从三个方面讨论“贾公彦与《周礼正义》的学术思想”：（一）指出郑玄、贾公彦皆认为《周礼》为周公所作；（二）认为《周礼》成书于距西周不远的春秋时期；（三）通过“周礼正义序”，概括分析了官制的起源以及《周礼》的兴废历程②。真正对贾疏思想观念进行深入探讨的是杨向奎《唐宋时代的经学思想——〈经典释文〉〈十三经正义〉等书所表现的思想体系》一文。杨向奎先生认为，贾公彦受南朝玄学的影响，贾疏中时见一些玄学的语汇，但贾氏又相信谶纬，故贾疏一面杂引谶纬，一面称引《老》《庄》，贾氏亦相信五行说，同时接受郑玄所提倡的五帝六天说。虽然贾氏有意结合南北学派之不同，但他没有形成自己的思想体系，依违两可之间，不免矛盾时出③。

---

① 孙钦善《中国古文献学史》，中华书局，1994 年，第 387 页。

② 陈启智《中国儒学史·隋唐卷》，北京大学出版社，2011 年，第 355—362 页。

③ 杨向奎《唐宋时代的经学思想——〈经典释文〉〈十三经正义〉等书所表现的思想体系》，《中国经学史论文选集》，文史哲出版社，1992 年，第 645—647 页。

第二种出现在论孙诒让《周礼》学的文章中。比如曹元弼《书孙氏〈周礼正义〉后》云："孙氏《周礼正义》博采故书雅记，疏通证明，虽于高密硕意，间有差池，而囊括网罗，言富理博，自贾氏以来，未有能及之者也。"[①]将贾疏与孙诒让《周礼正义》相提并论。任铭善《孙仲颂先生之周礼学》一文论贾疏"虽没有多少发明，而不全守疏不破注之旨，已算进步，但对于诸说的得失却不能洞明根源，对于郑注引汉制的地方尤少发挥，虽为经注作疏，而不能尽郑君的体例作意，不能见《周礼注》的特色"[②]，谓贾疏"没有多少发明""不能见《周礼注》的特色"，不免过于刻薄。沈文倬《孙诒让周礼学管窥》云："贾公彦善述郑注，其疏中又包含有六朝经师之说，郑注贾疏，向为读者所尊信。"[③]表彰贾疏善于发明郑学。叶纯芳在其博士论文《孙诒让〈周礼〉学研究》中谈到贾疏时认为："历代对贾疏的评价，约略如《四库全书总目提要》称其'足以发挥郑学'，不过唐人注经有'疏不破注'之例，因此虽然贾氏'足以发挥郑学'，对郑玄误释处，不但无法纠举，还跟着郑玄牵强附会，虽情有可原，仍令人感到抱憾。"[④]持论还是比较客观的。

第三种出现在《周礼注疏》整理本前言或凡例中。中华人

---

① 曹元弼《复礼堂文集》卷四，文史哲出版社，1973 年，第 391 页。

② 任铭善《无受室文存》，浙江大学出版社，2005 年，第 57 页。

③ 沈文倬《宗周礼乐文明考论（增补本）》，浙江大学出版社，2006 年，第 435 页。

④ 叶纯芳《孙诒让〈周礼〉学研究》，台湾东吴大学博士论文，2006 年，第 22 页。

民共和国成立后，有两次比较有影响的《十三经注疏》整理工作：一次是李学勤主编，由北京大学出版社 1999 年出版的《十三经注疏》整理本；一次是张岂之主编，由上海古籍出版社 2007 年起陆续出版的《十三经注疏》整理本。北京大学出版社《周礼注疏》整理本无“前言”而只有“凡例”，只是对版本选择、标点符号使用以及文字处理略作说明，对贾疏并无论述。上海古籍出版社的《周礼注疏》整理本有“校点前言”，除了对《周礼》及贾公彦进行概述，还着重辨析了《周礼注疏》的单疏本及注疏合刻本的源流。

相对来说，乔秀岩《义疏学衰亡史论》是目前为止对贾疏研究得比较深入的一部著作。该书专设“贾公彦新义”“贾疏通例”二章论贾疏。“贾公彦新义”一章，论贾氏因袭、改造旧疏之大概。作者主要从文本入手，考察贾疏偶见草率、错误比附的例子，以此推断其据先儒旧说。殊为可惜的是，作者没有利用《礼记正义》所保存的前朝旧疏资料，以致考察的范围大大缩小。“贾疏通例”一章，论《周礼疏》作为义疏学著作之通例。其所谓“义疏学不为实事求是”，“其意在讨论郑注，使其成为通论，通于他经，诸经郑注互相发明”[①]，可谓的论。

此外尚有专题研究之论文，如孙良明《古籍译注释词的一条重要原则——谈贾公彦的“望文为义”说》、程艳梅《贾公彦语言学研究》、韩悦《日本京都大学藏〈周礼疏〉单疏旧钞本探论》、

---

① 乔秀岩《义疏学衰亡史论》，生活·读书·新知三联书店，2017 年，第 214、236 页。

张丽娟《宋两浙东路茶盐司刻八行本〈周礼疏〉传本考——兼论董康影印、影刻〈周礼疏〉卷四十八“虚构宋本”问题》等。

简而言之，目前所能看到的关于《周礼疏》的研究多表现为解题式的介绍，真正系统、深入探讨贾公彦其人其疏的论文或专著，尚未出现。有鉴于此，本书拟从文献学角度，以作者及文本考据为基础，同时从学术史的角度探讨贾疏与前朝旧疏的继承关系，以及对后世《周礼》研究者的影响，以彰显是书在《周礼》学史上的重要地位和价值。

## 三、研究的主要内容及方法

本书由绪论、正文六章以及余论组成。绪论部分主要论述本书的“研究缘起和意义”“研究现状”以及“研究的主要内容及方法”。第一章，根据现有材料来推测贾公彦的生卒年及生平事迹，顺便考察贾氏的家族谱系以及《周礼疏》的性质。第二章，为厘清《周礼疏》的学术渊源，梳理了唐代以前的《周礼》学史。第三、第四两章重点探讨了《周礼疏》“经、注兼释”等外在体式特征、“疏通疑义”等内涵特征以及贾氏训诂方法，此间颇能见出前朝义疏范式的遗留。第五章着重考察了《周礼疏》对前朝礼学旧说主要是熊安生、崔灵恩二家的因袭。第六章考察了《周礼疏》对由宋至清这段时期《周礼》学的影响。余论部分，总结了贾疏的得与失，并从《周礼》学史的角度对贾疏的价值与地位进行了概括。

本书主要采用了以下几种研究方法：第一，传统的文献考证与点评分析相结合的方法。具体表现为摘取体现贾疏特征的例子，再进行点评分析，以显现其特点与价值。第二，内部研究与外部研究相结合的方法。本书先从外部对贾公彦生平、家族及其撰著等几个方面进行考察，继而从内部揭示贾疏体式及内涵特点，以期全面把握贾疏。第三，比较法。本书运用了比较的方法分析异同，如第五章“《周礼疏》因袭旧说考”，将贾疏因袭之疏与熊安生说、崔灵恩说作对比，以见出因袭的类型与特点；第六章“《周礼疏》对后世《周礼》学的影响”将宋王与之、明王志长、清孙诒让采择贾氏之疏作比较，以见出后世继承贾疏的种种情况。

# 第一章　贾公彦生平、家族与著述

作为唐初的经师大儒、《三礼》名家，传世文献中的贾公彦传记材料少得可怜，仅《旧唐书·儒学传》中有寥寥数十言的介绍：

> （张）士衡既礼学为优，当时受其业擅名于时者，唯贾公彦为最焉。
>
> 贾公彦，洺州永年人。永徽中，官至太学博士。撰《周礼义疏》五十卷、《仪礼义疏》四十卷。子大隐，官至礼部侍郎。
>
> 时有赵州李玄植，又受《三礼》于公彦，撰《三礼音义》行于代。[①]

短短几十字，倒也将贾公彦的礼学受授交待得一清二楚，但若想对他进行全面考察、深入了解，则殊为不易。

---

① （后晋）刘昫等《旧唐书》，中华书局，1975年，第4949—4950页。

## 第一节　贾公彦生平与家族

限于材料，目前我们仍然不能确知贾公彦的生卒年。幸运的是，《元和姓纂》中留下了有关贾公彦世系的记载，这多少可以弥补因不能确考其生卒年而带来的遗憾：

> 贾：唐叔虞少子公明，康王封于贾，后为晋所灭，以国为氏。
>
> ……
>
> 【广平】状云称贾翊之后。北齐国子助教犹；曾孙元彦，唐太学博士，生元赞、大隐。元赞，太学博士。大隐，中书舍人、礼部侍郎，生幼知、日新。①

周武王子孙封地在贾，后以国为姓，是为贾姓之始。按地理分布，贾姓又可分为几支，贾公彦属于广平这一支。岑仲勉《四校记》云：

> A〔岑校〕状云称贾翊之后　“云称”二字应任衍其一。“翊”为“诩”之讹。
>
> B〔又〕北齐国子助教犹　“犹”，库本作“猷”。按《贾

---

①　（唐）林宝撰，岑仲勉校记《元和姓纂（附四校记）》，中华书局，1994 年，第 1044、1051 页。

玄赞殡记》:“曾祖宾,齐襄州率道县令。”依世数详之,宾当猷子。

C〔又〕曾孙元彦唐太学博士生元赞大隐　按“元彦”是“公彦”之讹(见劳《考》一〇),非父子同名也。《旧书》一八九上,公彦子大隐。《千唐·贾钦惠志》:“曾祖随太学博士演,祖大学博士、崇文馆学(士)公彦。”“崇”应作“弘”,说见拙著《唐集质疑》。《敦煌掇琐》九五,永徽四年二月刊定《五经正义》残页称:“朝散大夫、行太学博士臣贾公彦。”

D〔又〕元赞太学博士　库本亦作“元”,上同。依《玄赞殡记》应作“玄”也。《记》云:“祖演,随齐王府文学。父公彦,皇朝朝散大夫、行大学博士、弘文馆学士。……(君)又迁大学博士及详正学士,嗣圣初,授朝散大夫、行大学博士。”(《芒洛四编》三)玄赞卒垂拱元年,参拙著《贞石证史》。又《贾钦惠志》:“考大学博士、详正学士玄赞。”钦惠开元二年终丞令,年四十一,有子司农主簿怡、雍县尉励言,均开元末前卒。励言子名胜,胜从父弟收,书《钦惠志》者称侄栖梧。

E〔又〕大隐中书舍人礼部侍郎　仪凤二年为太常博士,见《会要》一七。垂拱三年凤阁舍人,四年春官侍郎,见《通鉴》二〇四。《钦惠志》:“叔父礼部侍郎大隐特器之。”①

---

① (唐)林宝撰,岑仲勉校记《元和姓纂(附四校记)》,中华书局,1994年,第1051—1052页。按:标点略有更动,下仿此。

《元和姓纂》将贾公彦郡望记作“广平”，《旧唐书·儒学传》云贾氏“洺州永年人”，其实是一地二名也。《旧唐书·地理志》云：“洺州……天宝元年，改为广平郡。乾元元年，复为洺州。”[①]是洺州亦可称广平也。岑仲勉《萧李遗文拾》云：“考洺州即汉广平国。”[②]《元和郡县图志》云：“洺州，广平。……汉武帝置平干国，宣帝改曰广平国。自汉至晋，或为国，或为郡。……周武帝建德六年，于郡置洺州，以水为名。隋大业三年罢州为永安郡，武德元年又改为洺州，兼置总管。……永年县，本汉曲梁县，属广平国。……高齐文宣帝省曲梁置广平县，隋开皇三年罢郡，属洺州。仁寿元年改广平为永年，避炀帝讳也。”[③]由此可知，汉代置广平国，北周时称洺州，隋时改称永安，唐时又改为洺州。永年县，汉之曲梁县，北齐称广平县，隋时改广平县为永年，属洺州。岑仲勉先生所谓“汉广平国”，是溯其本源也。

据《元和姓纂》，贾公彦有二子：贾玄赞、贾大隐。其中贾玄赞有墓志铭——《贾玄赞殡记》存世，我们也因此得以了解贾公彦世系。《贾玄赞殡记》原文如下：

**大□故朝散大夫行大学博士贾府君殡记**

君讳玄赞，字冲思，广川人也。昔谈高宣室，芳誉闻于才子；状写云台，雄业垂于列将。文武不坠，亦何代而无

① （后晋）刘昫等《旧唐书》，中华书局，1975 年，第 1497—1498 页。

② 岑仲勉《金石论丛》，中华书局，2004 年，第 225 页。

③ （唐）李吉甫撰，贺次君点校《元和郡县图志》，中华书局，1983 年，第 430—431 页。

> 之。故以详诸史谍,今可略而言矣。曾祖宾,齐襄州率道县令。陈仲弓之德望,位止太丘;密子贱之徽猷,名高单父。瞻言往烈,我实兼之。祖演,随齐王府文学;父公彦,皇朝朝散大夫、行大学博士、弘文馆学士,并道蔚人宗,行成物范。或参荣凤邸,陪后乘而表时英;或敷训鳣庭,輶前修而传代业。君家声渐庆,门德资神;方弘绛帐之风,自得缁帷之道。开皇十有八载,齿胄庠门,廿一年以明经擢第。初任洛州博士,寻除大学、国子等助教,又迁大学博士及详正学士。嗣圣初授朝散大夫行大学博士,仍于弘文馆教王子读书。器则瑚琏,材则廊庙。非忠孝之典不窥,非仁义之规不习。德光遐迩,誉满亲朋。金籯照于邦国,玉昆映于朝野。未申隆栋之材,遽结坏梁之痛。□□□年六月七日终于神都时邕里之私第,春秋六十月一。即以其年岁次□□六月□□朔廿二日景申,权殡于河南县王寇村之西北原。柳谥斯在,史殡俄迁。伫滕室之方开,虑邹衢之莫辩。乃为铭曰:道亚邻几,神照知微;兰风已扇,薤露俄晞。五百一贤,瞻德音而遽远;七十二子,仰余训而何依。[1]

《贾玄赞殡记》本身错讹、矛盾处甚多,改凿痕迹明显。罗振玉考证此碑云:"此志为唐垂拱元年乙酉六月乙亥朔廿二日景申,妄人将首行'唐'字改'隋',文中'垂拱'字改'大业',岁次'乙酉'改'甲戌','乙亥'朔改'辛未'。兹将改凿字作方围,并考订

① 罗振玉《芒洛冢墓遗文四编》卷三,1917 年自刊本。

其年月。"由此可知，贾玄赞当卒于垂拱元年（685），又知其享年61岁，可推知其生于武德八年（625）。

然而罗氏有考辨未尽者，岑仲勉《贾玄赞殡记辨伪》又对罗说进行了补充：

> 余按《旧唐书》纪六，嗣圣元年九月，改东都为神都，是垂拱前并无神都之称；讳丙申为景申，世业作代业，尤证贞观后文笔，罗说是也。然罗氏尚有辨之未尽者，记又云："开皇十有八载，齿胄庠门，廿一年以明经擢第。"考《隋书》二："仁寿元年春正月，乙酉朔，大赦，改元。"则在仁寿后多年之人，不应称开皇廿一年，断不能援同年改元远地未知为例，此其作伪之拙者一。况如罗氏所考，玄赞实生武德八年，后于开皇廿年者廿五稔，焉能入学读书；就如所改"大业十年甲戌"，玄赞又应生西魏恭帝元年，至开皇末已四十七岁，而始齿胄庠门，则老泉发愤之年，尚觉其早，此作伪之拙者二。盖碑估之流，伎俩当如是矣。然则开皇者贞观所改凿也；贞观有廿一年，玄赞入庠时方廿二龄云。[①]

据岑先生补订，"开皇十有八载"原碑刻当作"贞观十有八载"。岑先生所考是也。但玄赞生于武德八年（625），至贞观十有八载（644）玄赞应为二十岁。然岑先生所云"玄赞入庠时方廿二龄云"，岑氏或误记也。

---

① 岑仲勉《金石论丛》，中华书局，2004年，第104—105页。

因文献不足征，贾公彦的生卒年一直无法确知。但是，长子贾玄赞的生卒年一旦确定，对于推知贾公彦活动的大致时期将大有裨益。贾玄赞出生在武德八年，距唐开国时也就七八年光景。以此为参照，我们不难推知，其父贾公彦不可能出生在唐代而只能出生在隋朝，即使古代男子结婚都比较早。隋朝男子结婚年龄史书无载，但北周曾在周武帝建德三年(574)颁布过婚龄的诏令，规定“男年十五，女年十三已上，爰及鳏寡，所在军民，以时嫁娶”①。隋朝继承北周遗业，其婚龄规定可能沿袭自北周。唐太宗时也对男子适婚年龄作了规定：“男年二十，女年十五以上，及妻丧达制之后，孀居服纪已除，并须申以婚媾，令其好合。”②参考隋唐两代有关男子适婚年龄的规定，即按男子 15 岁至 20 岁之间结婚推算，已知贾玄赞生于武德八年(625)，则其父贾公彦出生于 605—610 年间的可能性比较大。此时为隋大业(605—618)时期。至唐武德八年(625)贾公彦年龄在 16 岁至 21 岁之间，贾玄赞出生。

贾公彦何时入朝为官史无明文，但必定与唐初大力提倡儒学有关。《旧唐书 · 儒林传》载：“至(武德)三年，太宗讨平东夏，海内无事，乃锐意经籍，于秦府开文学馆，广引文学之士，下诏以府属杜如晦等十八人为学士，给五品珍膳，分为三番，更直宿于阁下。及即位，又于正殿之左，置弘文学馆，精选天下文儒之士虞世南、褚亮、姚思廉等，各以本官兼署学士，令更日宿直。

① (唐)令孤德棻等《周书》，中华书局，1971 年，第 83 页。

② (唐)杜佑《通典》，中华书局，1988 年，第 1676 页。

听朝之暇，引入内殿，讲论经义，商略政事，或至夜分乃罢。又召勋贤三品已上子孙，为弘文馆学士。贞观二年，停以周公为先圣，始立孔子庙堂于国学，以宣父为先圣，颜子为先师。大征天下儒士，以为学官……是时四方儒士，多抱负典籍，云会京师。”[1]设秦府十八学士，置弘文馆，征天下儒士以为学官，种种重视儒学的举措，笼络了大批文士。贾公彦的老师张士衡即在此重视儒学的大背景下被征诏入朝。

张士衡，隋代大儒，博通五经，尤精三礼。“仕隋为余杭令，后以年老归乡里。贞观中，幽州都督燕王灵夔备玄纁束帛之礼，就家迎聘，北面师之。庶人承乾在东宫，又加旌命。及至洛阳宫谒见，太宗延之升殿，赐食，擢授朝散大夫、崇贤馆学士。”[2]我们是否可以这样推测：张士衡贞观中被唐太宗擢授崇贤馆学士后，因师徒情谊，老师亦不忘向当政者推荐自己的得意弟子，贾公彦因此得以入朝为官。支持该假设的是，贾公彦参与了贞观年间《五经正义》之《礼记正义》的修撰。孔颖达《礼记正义序》云：“恐独见肤浅，不敢自专，谨与中散大夫守国子司业臣朱子奢、国子助教臣李善信、守太学博士臣贾公彦、行太常博士臣柳士宣、魏王东阁祭酒臣范义頵、魏王参军事臣张权等对共量定。至十六年，又奉敕与前修疏人及儒林郎守太学助教云骑尉臣周玄达、儒林郎守四门助教云骑尉臣赵君赞、儒林郎守四门助教云骑尉臣王士雄等，对敕使赵弘智覆更详审，为之

① （后晋）刘昫等《旧唐书》，中华书局，1975 年，第 4941 页。

② 同上，第 4949 页。

《正义》，凡成七十卷。”[①]根据此序，贞观十六年前，贾公彦已仕为太宗朝太学博士。至于《五经正义》具体修撰之年，《唐会要》卷七十七“论经义”云：“贞观十二年，国子祭酒孔颖达撰五经义疏一百七十卷，名曰《义赞》，有诏改为《五经正义》。”[②]“此言孔颖达修撰《五经正义》在贞观十二年，盖指受诏始修之年，非谓其年已成一百七十卷也。《会要》乃合其始终言之。”[③]这表明，至迟于贞观十二年，贾公彦即已被征诏为学官，参与修撰《五经正义》。这与其师张士衡的入朝时间基本吻合。需要注意的是，《旧唐书·儒学传》载贾公彦“永徽中，官至太学博士”，常会让人误以为贾公彦是在唐高宗时官至太学博士的。其实，由太宗朝至高宗朝，贾公彦的职事官——太学博士并没有变化。《周礼正义序》有言“唐朝散大夫行太学博士弘文馆学士臣贾公彦等奉敕撰”，此处言“行太学博士”，而《礼记正义序》言“守太学博士”。“行”与“守”是指职事官与散官的对应关系，“如果职事官之阶较高而所带散官之阶较低，则职事官上应加一‘守’字。反之，职事官之阶较低而所带散官之阶较高，则职事官上应加一‘行’字”[④]。由太宗朝的“守太学博士”变为高宗朝的“行太学博士”，贾公彦所带的散官官阶上升了，而职事官并没有变化。

贾公彦另一子贾大隐，据《元和姓纂》记载，官至中书舍人、

---

① (唐)孔颖达撰，李学勤主编《礼记正义》，北京大学出版社，1999年，第4页。

② (宋)王溥《唐会要》，中华书局，1955年，第1405页。

③ 张宝三《五经正义研究》，华东师范大学出版社，2010年，第21页。

④ 岑仲勉《金石论丛》，中华书局，2004年，第462页。

礼部侍郎，并育有二子，分别为贾幼知与贾日新。关于贾大隐及其二子的情况，因相关资料缺失，我们无法了解更多。贾玄赞尚有一子贾钦惠，其生平行迹见于《贾钦惠墓志铭》：

## 唐故沂州丞县令贾君墓志铭并序

登仕郎守河南府参军萧颖士撰

君讳钦惠，字□□，盖周之裔也。唐叔少子别封于贾，因而氏焉。厥后汉有梁王傅谊，魏有太尉诩，文章谋猷，名冠二代。其间或自□阳迁武威，后家长乐，史谍详矣。曾祖隋太学博士演，祖太学博士崇文馆学公彦，考太学博士，详正学士玄赞，儒雅弈世，令闻彰著，故君少以经术自命，不改其道。叔父礼部侍郎大隐特器之，目为瑚琏，寄以门户。解褐参汴州军事，历相州司户，迁沂州丞令。其从事也，细无不理，自微之着，本乎仁明宽惠，加之以正直。保此□德而绥怀百里，农商安业，礼让斯阐，宜踪彼卓鲁，高步台槐。道之将废，胡宁夭阏。以开元二载四月四日终于位，春秋卌有一。於戏，良宰云逝，谁其嗣之。联寮雨泣，庶氓曷仰。辍舂罢市，斯谓然矣。夫人河东裴氏，隋御史大夫蕴之玄孙，皇贝州刺史闻喜公之第三女也。明懿淑慎，司南姻族，蕣英摇落，先君即世。长子司农主簿怡，茂才异行，观光圣代。次曰雍县尉励言，连华名昆，亦克用誉，秀而不实，萼跗双陨，故周公之礼，未云举也。励言有子曰胜，与从父弟收，无念尔祖，聿追来孝，永惟先志，其不可谖也，克□嗣之，以天宝十二载岁次戊巳十月戊辰朔十七日甲申启殡□平乐里，葬于河南县梓泽乡邙山之北原。君子曰：孝乎其加□□也欤。①

据此铭文，可知贾公彦之孙贾钦惠，生于上元元年(674)，官至沂州丞令，卒于开元二年(714)，享寿41岁。有二子：贾怡、贾励言。

关于贾公彦之父贾演，《贾钦惠墓志铭》云为“太学博士”，《贾玄赞殡记》云为“随齐王府文学”，后者更详，似更可信，故从之。现综合《元和姓纂》《贾玄赞殡记》《贾钦惠墓志铭》等材料，制成贾公彦世系表：

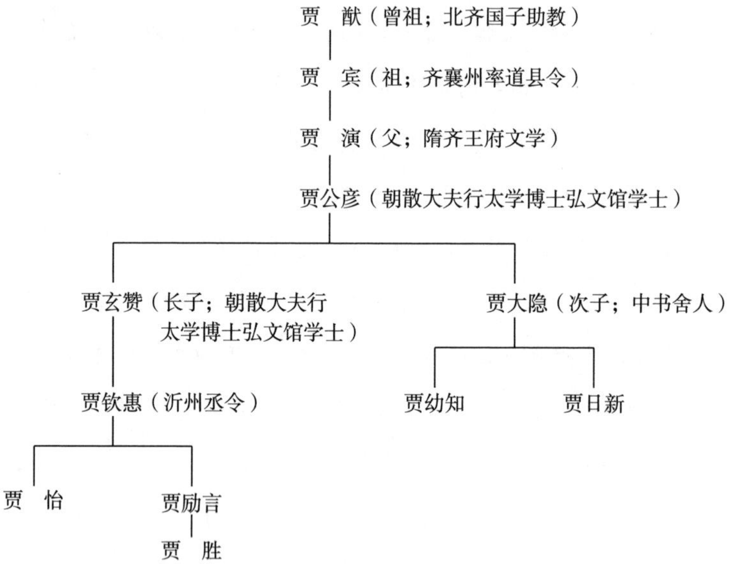


① 周绍良主编《全唐文新编》，吉林文史出版社，2000年，第3665—3666页。

## 第二节　《周礼疏》的性质

贾公彦师从张士衡习《三礼》，并以《三礼》闻于当时。《旧唐书·儒学·张士衡传》云："士衡既礼学为优，当时受其业擅名于时者，唯贾公彦为最焉。"可见，贾氏礼学素养深厚，这为其撰著《三礼》义疏提供了理论可能。

《旧唐书·经籍志》载贾公彦撰有《周礼疏》五十卷，《仪礼疏》五十卷，《礼记疏》八十卷[①]。《新唐书·艺文志》亦载贾公彦撰有"《礼记正义》八十卷。又《周礼疏》五十卷，《仪礼疏》五十卷"[②]，可知贾公彦于《三礼》皆有义疏之作。其中《周礼疏》《仪礼疏》被选入《十三经注疏》之中。唯《礼记疏》后世不见流传。检北宋官修书目《崇文总目》以及南宋晁公武《郡斋读书志》、陈振孙《直斋书录解题》均不载此书，说明该书至迟于宋时已经亡佚。

那么，《礼记疏》的亡佚与唐官修《礼记正义》是否有什么关联呢？我们知道，唐太宗为了统一政治、思想的需要，下令修撰了《五经正义》，其中就有《礼记正义》。《礼记正义》一经颁定，便成为士人们学习及科考的唯一权威读本。按常理，贾氏似乎没必要于《礼记正义》之外另撰一部《礼记疏》，更何况贾氏亲自参与了《礼记正义》的修撰，其间也必定凝聚了他的大量心血。

---

① （后晋）刘昫等《旧唐书》，中华书局，1975年，第1971页。

② （宋）欧阳修等《新唐书》，中华书局，1975年，第1431页。

比较合理的解释就是，贾公彦自撰的《礼记疏》先于官修的《礼记正义》。而《礼记正义》一经颁行，《礼记疏》似乎也没有了存在的必要，并逐渐退出了历史舞台。

《周礼疏》《仪礼疏》的修撰亦当作如是观。现存最早的《周礼疏》合刻本——“越刊八行本”（木犀轩李盛铎氏所藏二十七卷本），卷首题有“唐朝散大夫行太学博士弘文馆学士臣贾公彦等撰”①。值得注意的是，此处并没有出现“奉敕撰”等字眼，这与《五经正义》在卷首明白交待奉敕修撰不同。《旧唐书·儒学》云：“太宗又以经籍去圣久远，文字多讹谬，诏前中书侍郎颜师古考定《五经》，颁于天下，命学者习焉。又以儒学多门，章句繁杂，诏国子祭酒孔颖达与诸儒撰定《五经》义疏，凡一百七十卷，名曰《五经正义》，令天下传习。”②除此之外，《礼记正义序》《春秋左传正义序》皆云“国子祭酒上护军曲阜县开国子臣孔颖达等奉敕撰”，《毛诗正义序》云“今奉敕删定，故据以为本”，《尚书正义序》云“今奉明敕，考定是非”，《周易正义序》云“今既奉敕删定，考察其事”。《五经正义》是唐太宗为统一经学义疏而诏令孔颖达与诸儒修撰的，有一个自上而下的过程，故诸经《正义》序中皆有“奉敕”字眼。而《周礼疏》不提“奉敕”，或许说明该疏并非因敕令而作，最有可能就是贾公彦自撰《周礼疏》初稿在先，故孙钦善在《中国古文献学史》谈及《周礼疏》时说：“旧题

① 陶湘编《涉园所见宋版书影》，北京图书馆出版社，2003年，第337页。

② （后晋）刘昫等《旧唐书》，中华书局，1975年，第4941页。

‘贾公彦等奉敕撰’，不知何据，恐有误。此书的撰著，当与《仪礼疏》相同，先自撰初稿，后与弟子李玄植讨论定稿（详后引《仪礼疏序》）。《周礼疏》的体例和内容与《五经正义》相同。”[①]马宗霍《中国经学史》亦有相似的论述：“其继《五经正义》而作者，有贾公彦《周礼》《仪礼义疏》，并宗郑注……又有杨士勋《穀梁传疏》，宗范宁注；徐彦《公羊传疏》，宗何休注……然此四经疏，虽非奉敕而作……而四疏之体，则亦同《正义》。盖贾、杨二氏于撰定《正义》本尝亲与其役，或有意效之而冀与之同尊以广其传与？”[②]马宗霍先生也认为，《周礼》贾疏非奉敕之作，但其体例仿效《五经正义》。《周礼疏》中有一篇《周礼正义序》，说明《周礼疏》本来称作《周礼正义》，是经官方认定的义疏。

《周礼疏》的成书背景，史无明文，但《周礼疏》的体例模仿《五经正义》，故我们可以通过《五经正义》的成书来加以考察。唐太宗时，以经籍文字多讹谬，命颜师古考定五经文字；又以儒学多门，章句繁杂命孔颖达修撰《五经正义》，为士人们传习及科举考试提供标准。太宗在位期间，《五经正义》并未最终完成。孔颖达去世后，博士马嘉运列举书中失误，一一加以驳正。太宗于是下诏重新审定。高宗即位以后，于永徽二年（651）下诏，命诸儒再加考证、增删。永徽四年，《五经正义》终于完工。唐高宗遂下诏，颁行天下。由此可以推知，《五经正义》颁行后，高宗不满足于仅颁定“五经”的官方义疏，为继承父志，又相继

① 孙钦善《中国古文献学史》，中华书局，1994 年，第 386—387 页。
② 马宗霍《中国经学史》，上海书店，1984 年，第 96—97 页。

下令修撰另外四部经书的义疏。顾炎武则进一步明确了贾氏受命补撰《周礼疏》的时间:“永徽中,贾公彦始撰《周礼》《仪礼义疏》。”[①]陈启智同样认为,《周礼》《仪礼》《公羊》《穀梁》四部传疏,是由高宗诏命贾公彦等分别撰定完成的,合称为唐人九经疏,“时在永徽四年《五经正义》颁定之后,受命补撰”[②]。

综上,我们认为,贾公彦自撰《周礼疏》初稿在先,《五经正义》颁定后,即永徽四年以后,高宗下诏补撰《周礼》等四经疏。贾公彦与弟子李玄植便在自撰初稿的基础上讨论、详勘,并最终完成了官方认可的《周礼正义》。

## 第三节 《周礼疏》版本源流

《周礼疏》的版本可分为单疏本与注疏合刻本两个系统。单疏本未见刻本流传,只是在文献中有相关记载;注疏合刻本是《周礼疏》的主要版本形式,又可分为八行本与十行本两种,下面分别予以论述。

### 一、单疏本

《周礼疏》最早的刻本刊于北宋咸平年间。《玉海》卷四十

---

① (清)顾炎武著,(清)黄汝成集释,栾保群、吕宗力校点《日知录集释》,上海古籍出版社,2014 年,第 404—405 页。

② 陈启智《中国儒学史·隋唐卷》,北京大学出版社,2011 年,第 354 页。

一："至道二年，判监李至请命李沆、杜镐等校定《周礼》《仪礼》《穀梁传》疏及别纂《孝经》《论语正义》，从之。咸平三年三月癸巳，命祭酒邢昺代领其事，杜镐、舒雅、李维、孙奭、李慕清、王焕、崔偓佺、刘士元预其事。凡贾公彦《周礼》《仪礼疏》各五十卷，《公羊疏》三十卷，杨士勋《穀梁疏》十二卷，皆校旧本而成之。《孝经》取元行冲疏，《论语》取梁皇侃疏，《尔雅》取孙炎、高琏疏，约而修之，又二十三卷。四年九月丁亥以献。……十月九日，命杭州刻板。"[①]又卷四十二："（景德二年）六月庚寅，国子监上新刻《公》《穀传》、《周礼》《仪礼正义》印板。"[②]据此，《周礼疏》初刻成于景德二年。靖康之难，金人将汴京所藏北宋监本悉数掳走。南宋初年，以北宋单疏本重新刻镂，此为南监本。今日所谓单疏本皆属此本。然而，《周礼疏》单疏本的寿命并不长，我们仅能在宋代的目录书中觅到其踪影。《崇文总目》卷一载"《周礼疏》五十卷　原释贾公彦"[③]，《郡斋读书志》卷二云："《周礼疏》十二卷，右唐贾公彦撰。……史称著此书四十卷，今并为十二卷。"[④]《直斋书录解题》卷二云："《周礼疏》五十卷，唐贾公彦撰。"[⑤]南宋初，《周礼》经、注、疏开始合刻。随着合刻本的广泛流布，《周礼疏》单疏本流传渐少，明清诸家公私目录中

① （宋）王应麟《玉海》，广陵书社，2003 年，第 779 页。

② 同上，第 803 页。

③ （宋）王尧臣等编次《崇文总目》，中华书局，1985 年，第 10 页。

④ （宋）晁公武撰，孙猛校证《郡斋读书志校证》，上海古籍出版社，1990 年，第 75 页。

⑤ （宋）陈振孙撰，徐小蛮、顾美华点校《直斋书录解题》，上海古籍出版社，1987 年，第 44 页。

已罕有著录。所幸，在日本京都大学保存着《周礼疏》单疏本的旧抄残本，存三十一卷（卷一至三、卷七、卷八、卷十二至十四、卷十八至四十），共十五册。半页十行，行二十字，所据底本刊刻在宋室南渡之后，有可能是南宋国子监本。该旧抄本揭示了《周礼》一书由单疏本到经、注、疏合刻本的文本转变过程，保存了贾公彦《周礼疏》的原貌。在确认贾公彦非奉敕作疏，探索贾公彦疏所据经、注文的面貌，据以订正传世版本的讹误等方面，具有重大学术价值。

## 二、注疏合刻本

### (一) 越刊八行本

清顾千里云："北宋本必经注自经注，疏自疏，南宋初始有注疏，又其后始有附释音注疏。"①钱大昕亦云："《释文》与《正义》各自一书，宋初本皆单行，不相淆乱。南宋后乃有合《正义》于经注之本，又有合《释文》与《正义》于经注之本。"②可见，南宋以前，十三经注疏皆单行，只有经注本、单疏本及陆德明《经典释文》之单行本。南宋渡江后，才开始将疏或正义附于经注之下。亦有将陆氏《释义》附于经注者。经、注、疏的合刻，始于南宋初年浙东提举茶盐司。绍熙三年壬子(1192)，三山黄唐跋

① (清)顾广圻撰，(清)黄丕烈注《百宋一廛赋》，中华书局，1985年，第4页。

② (清)钱大昕著，陈文和、孙显军校点《十驾斋养新录》，江苏古籍出版社，2000年，第41页。

所刊《礼记正义》曰:“六经《疏义》,自京、监、蜀本,皆省正文及注。又篇章散乱,览者病焉。本司旧刊《易》《书》《周礼》,正经、注、疏,萃见一书,便于披绎。他经独缺。绍熙辛亥(1191)仲冬,唐备员司庾。遂取《毛诗》《礼记义疏》如前经编汇。精加雠正,用锓诸木,庶广前人之未备。乃若《春秋》一经,顾力未暇,姑以诒同志云。绍熙壬子秋八月,三山黄唐谨识。”[①]可见,黄唐的前任已经做过《周礼》《易》《书》注疏的合刊工作,而他本人则完成了《毛诗》《礼记》注疏的合刻。经注及义疏合刻始于此本,书名标题有“注疏”之称,亦是始于此本。据汪绍楹先生考证,此本半叶八行,故称八行本。刊于浙东,故称越刊本。今所知见者,有《周礼注疏》等共八种。

据王锷考证,《周礼注疏》最早当刊于南宋绍兴年间,即公元1131年至1161年的三十一年间[②]。昌彼得的推断与此相同,他认为“此帙原版之付雕,最早不逾绍兴末年也”[③]。此本在很大程度上保留了《周礼》单疏本的面貌。“卷首顶格大题‘周礼疏卷第一’,次行下署‘唐朝散大夫行太学博士弘文馆学士臣贾公彦等撰’,次贾氏正义及周礼废兴二序。另叶正文前重标大题周礼疏卷第一,次行即为篇题,而不重署衔名。盖出唐本贾疏旧式,序文与正文相接也。第二卷以下则大题与衔名备列,每卷末隔行刻尾题,书中不附释文。此本大题不著‘注’

① 汪绍楹《阮氏重刻宋本〈十三经注疏〉考》,《文史》第三辑,中华书局,1963年,第39页。

② 王锷《三礼研究论著提要》,甘肃教育出版社,2001年,第29页。

③ 昌彼得《版本目录学论丛》,学海出版社,1977年,第243页。

字，惟卷一篇题后有'郑氏注'三字，以下各卷则不重出。书中凡有释经之疏文，则径接经文下，次列注文，再接释注之疏，疏文均冠以'释曰云'三字。倘无释经之疏，则以注接经，以疏按注，与出自十行注疏合刻本编次异。全书分卷五十，亦与后代通行本作四十二卷不同。盖依单疏本之编次而补入经注之文尔……而视单疏本之标明经注起止为赘疣，乃删略不刻，盖欲以规复贾疏原貌，故卷数一依贾疏，且大题不著'注'字。"①

越刊八行本，由宋到明，屡有修补。明朝定都南京，元西湖书院所藏书版，被全部移往南京，由国子监即南雍掌管。据昌彼得考证，明代至少进行了三次补版工作，至成化年间最后一次补版印行，八行本《周礼注疏》流通逐渐减少，"此书已不载于《南雍经籍考》，则嘉靖初此书版已亡佚竟尽矣"②。

此本传世有三帙：一藏国家图书馆，原为朱学勤结一庐藏书，五十卷；一藏北京大学图书馆，原为李盛铎旧藏，仅二十七卷；一藏台北"故宫博物院"，五十卷，董康诵芬室曾借出并据以影印③。

朱学勤《结一庐书目》云："《周礼注疏》五十卷，计三十六本，唐贾公彦疏，宋庆元间吴兴沈宾之校刊本。"④彭林考曰：

---

① 昌彼得《版本目录学论丛》，学海出版社，1977 年，第 241—248 页。

② 同上，第 246 页。

③ 王锷《三礼研究论著提要》，甘肃教育出版社，2001 年，第 30—32 页。

④ 朱学勤《结一庐书目》卷一，清光绪壬寅仲春观古堂刊本。

“此本虽为足本，而原非一帙，其中卷十八、廿一、廿三等三卷，纸色迥异于余卷，上有朱色圈点，且有‘晋府图书’之印记，因知其本为明初内府藏书。查《文禄堂访书记》，有八行本《周礼疏》卷七、四十七、四十八等三卷，也有‘晋府图书’印记，可知此六卷本为同帙，而从内府逸出者。”①

木犀轩李盛铎氏所藏二十七卷本（见《涉园所见宋版书影》第二辑）疏首冠以“释曰”二字，释经者在经文下，小字双行。注文首冠以大“注”字。《木犀轩藏书题记及书录》云：“《周礼注疏》五十卷〔（存卷一至二卷一三卷一四卷二七至四七卷四九至五十）　汉郑玄注　唐贾公彦疏〕　宋刊本　〔宋刻元印本〕　李 9074　半叶八行，行大字十六至十八字不等；小字双行，行二十二字至二十五、六字不等。白口，左右双边。板心下有刊工名。标题‘周礼疏卷第一’；次行‘天官冢宰第一’，以下双行小注，后空一格题‘释曰’，以下接疏。经文‘惟王建国’四字下小字‘释曰’云云，疏毕大书‘注’，下双行郑注毕，又题‘释曰’，接疏。以下均如此。盖解经之疏列于注前也。第二卷以下标题次行均低二格，题‘唐朝散大夫太学博士弘文馆学士臣贾公彦等撰’。存卷一之三〈二〉，十三之十四，三十一〈二十七〉之四十七，四十九之五十，共二十五〈七〉卷。按此书正文与《六经正误》所引注疏本合，即绍兴壬子〔二年·1132〕修补之本也。有‘尚宝少卿袁氏忠彻印’朱文长方印，‘尚宝少卿袁记’朱文长方

① （汉）郑玄注，（唐）贾公彦疏，彭林整理《周礼注疏》校点前言，上海古籍出版社，2010 年，第 5 页。

印，‘《颜氏家训》曰：借人典籍，皆须爱护，凡有缺坏，就为补治，此亦士大夫百行之一也。或有狼藉几案，分散部秩，童幼婢妾所污，风雨虫鼠所毁伤，实为累德。四明袁氏静思斋志’楷书长方朱记，‘臣筠’‘三晋提刑’两朱文方印。”[①]钤印“尚宝少卿袁氏忠彻印”“尚宝少卿袁记”中的袁氏就是袁忠彻，官至尚宝少卿，“臣筠”即宋筠，与其父宋荦皆以藏书著名。此本原为袁氏、宋氏旧藏，后归李盛铎。

台北“故宫博物院”藏《周礼疏》五十卷，《故宫善本书影初编目录》云：“宋两浙东路茶盐司所刊注疏之一。合疏于注，盖自此始。绍兴所刻，只《易》《尚书》《周礼》三经。……分卷与今本不同，尚仍‘单疏’之旧。标题‘周礼疏’‘贾公彦序’不作大字，犹是‘单疏’之式。由宋迄明，递有修补，疑明初版入南廱。元西湖书院有《周礼注疏》书版，殆即此本。”[②]《故宫善本书影初编》所载《考工记》，注文上冠“注”字，直行贯下，不以大“注”字居中。注作双行，余如前式。据《“国立故宫博物院”善本旧籍总目》，原北京故宫博物院所藏《周礼疏》五十卷，宋绍熙间两浙东路茶盐司刻元明递修本，三十二册，现藏台北“故宫博物院”。

### （二）宋刻十行本

《周礼注疏》流行最广且影响后世最大者，当为建刻音释注

① 李盛铎著，张玉范整理《木犀轩藏书题记及书录》，北京大学出版社，1985 年，第 69—70 页。

② 《故宫善本书影初编目录》，《故宫善本书影初编》，故宫博物院图书馆影印，1929 年，第 1—2 页。

疏本，即后世所谓十行本。该刻约当南宋晚年，为刘叔刚氏一经堂所刊。其本每半叶十行，行十七八字；注小字双行，行二十三四字。十行本与八行本最大的区别是增附《释文》，后世刻书皆以此刻为祖本。嘉靖间李元阳所刻《十三经注疏》即祖此本。其后明北监本，出于李元阳本。汲古阁本及清乾隆殿本，又出于北监本。更后之阮元则直据十行本重刻。以下逐一考述宋刻十行之版本。

1. 元刊本

四十二卷　附释音

"元刊明修本，十行十七字，注双行二十三字，白口，左右双阑。"①

2. 明刊本

**闽本**　四十二卷　附释音

宋建刻十行本历元至明，迭经修补，故亦谓之三朝本。因明时板存于南京国子监，故又称为南监本。闽中李元阳因十行本迭经修补，讹谬实多，乃据宋建刻本重雕，世称为闽本，亦曰李元阳本。汇刻《十三经注疏》之全部，实始于此本。以其板半叶九行，故又谓之九行本。该版每半页九行，行二十一字，小字双行，白口，四周单边。"此刻校刊尚不苟，乃十行本后，清殿本以前最佳之本也。"②

---

① （清）莫友芝撰，傅增湘订补，傅熹年整理《藏园订补郘亭知见传本书目》，中华书局，2009 年，第 33 页。

② 屈万里《书傭论学集》，联经出版事业公司，1985 年，第 227 页。

**北监本** 四十二卷 附释音

至万历间，北京国子监以南监本不可用，乃据李元阳本重雕。北监本《周礼注疏》卷数、板式、行款，皆沿闽本之旧。惟注文改用小字单行，空左偏右。崇祯间又重修之。“其本虽不及闽刻之善，然犹胜于汲古阁本。”[①]

**汲古阁本** 四十二卷 附释音

自晚明以来，《十三经注疏》本流通最广者非毛氏汲古阁本莫属。明崇祯中，毛晋汲古阁以北监本为祖本进行重刻，分卷、行款与北监本相同。然“既罕校正，又多新生之脱误。故上不逮闽监诸刻，下复去清殿本及阮刻弥远。……昔人谓毛氏刻书，功不掩过，非苛论也”[②]。

此外还有单行注疏本，非十三经汇刻本。如《周礼正义》四十二卷，闻人诠刊本。

3. 清刊本

**武英殿本** 四十二卷 附释音、考证

清乾隆四年，武英殿刊《十三经注疏》本，半页十行，行二十一字，白口，左右双阑。“虽据明北监本，然卷末附《考证》，句下加圈，校刻皆精，有青出于蓝而胜于蓝之誉。惟流通未广。同治十年，广州曾覆刻之，然传布亦不多也。”[③]

**嘉庆刻本** 四十二卷 附释音、校勘记

近世校勘最精、流布最广莫如阮元的十三经刻本。清嘉庆

---

①② 屈万里《书傭论学集》，联经出版事业公司，1985 年，第 228 页。

③ 同上，第 229 页。

二十年，南昌府学刊《十三经注疏》时，《周礼注疏》以宋十行本《附释音周礼注疏》四十二卷为主，参校闽本、监本、毛本注疏而成。每半页十行，每行十七字，小字双行二十三字，黑口，四周双边。阮刻《十三经注疏》有同治十年广东书局刊本、同治十二年江西书局刊本、光绪十三年上海脉望仙馆石印本、光绪十八年湖南宝庆务本书局刊本、光绪二十三年上海点石斋石印本、民国十三年上海扫叶山房石印本、民国二十一年上海锦章书局石印本、民国二十四年上海世界书局石印本、1957 年北京中华书局据世界书局本影印本等。

依上所述，特制《周礼注疏》版本源流示意图：

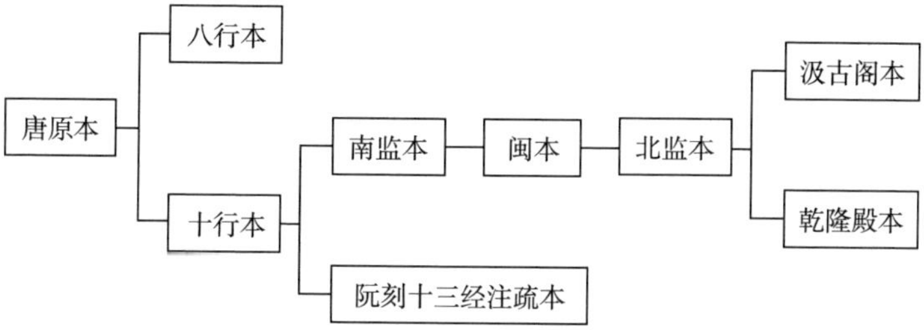


## 本章小结

根据贾公彦之子贾玄赞生卒年（625—685）推知贾公彦大约生于 605 年至 610 年间，此时为隋大业时期（605—618），可知贾公彦亦为由隋入唐之士。贾公彦师张士衡，贞观中先是被燕王李灵夔迎聘，接着被唐太宗授官，而贾公彦于贞观十二年参与《五经正义》之《礼记正义》的修撰，这两个时间高度吻合，我们有理由推测，贾公彦是随其师张士衡一同入唐为官的。《周礼疏》的性质可能与《五经正义》不同，其序中并无“奉敕”修撰的字眼，但序中又称其为“周礼正义”，则贾公彦或自撰初稿在先，后接受诏命，与弟子李玄植一同商讨并最终完成定稿。《周礼疏》的版本源流并不复杂，单疏本传于今者只有日本京都大学所藏的旧抄本，后世流传最广、影响最大的莫过于阮元校勘《十三经注疏》本，该版直据宋十行本刊刻，校勘最精，因此质量也最高。

# 第二章　唐前《周礼》学

## 第一节　汉魏《周礼》传注学

《周礼》本名《周官》，王莽时始改称《周礼》。汉平帝时，王莽居摄，欲托古改制，故大力提倡《周礼》，并由刘歆奏请立为博士官。《汉书·艺文志》"六艺略"礼类有"《周官经》六篇"，班固云："王莽时，刘歆置博士。"颜师古注："即今之《周官礼》也，亡其《冬官》，以《考工记》充之。"[①]然而，王莽政权维持了不到二十年就灭亡，其所立诸博士也因此被废，再加之兵祸连年，到东汉时，刘歆《周礼》学之弟子只剩下杜子春在传授《周礼》。贾公彦《序周礼废兴》引马融《周官传》云：

奈遭天下仓卒，兵革并起，疾疫丧荒，弟子死丧。徒有里人河南缑氏杜子春尚在，永平之初，年且九十，家于南山，能通其读，颇识其说，郑众、贾逵往受业焉。众、逵洪雅

① （汉）班固撰，（唐）颜师古注《汉书》，中华书局，1999年，第1710页。

> 博闻，又以经书记转相证明为解逵解行于世，众解不行。兼揽二家，为备多所遗阙。然众时所解说，近得其实，独以《书序》言成王既黜殷，还归在丰，作《周官》，则此《周官》也，失之矣。①

可见，《周礼》的传授，从刘歆授徒开始。杜子春学《周礼》于刘歆。杜子春又传于郑众及贾逵，他们均撰有《周礼解》。但马融《传》并未提及郑众之父郑兴。贾氏《序周礼废兴》引郑玄序便首先提到郑兴："世祖以来，通人达士大中大夫郑少赣，名兴，及子大司农仲师，名众，故议郎卫次仲、侍中贾君景伯、南郡太守马季长，皆作《周礼解诂》。" 即郑众之父郑兴亦传《周礼》学，郑玄在《周礼注》中频频引用的郑大夫，即指郑兴。

在《周礼》学史上，有一个人不得不提，那就是郑玄。郑玄博通群经，而尤其精于礼学。他兼习今古文经学，故能融合今古文经说，以一己之力完成《周礼注》《仪礼注》《礼记注》三礼学著作。郑玄于《三礼》特崇《周礼》。《礼记・礼器》云："经礼三百，曲礼三千。"郑玄注云："经礼谓《周礼》也。《周礼》六篇，其官有三百六十。曲犹事也，事礼谓今礼也。礼篇多亡，本数未闻，其中事仪三千。"②郑玄是以《周礼》为礼经的。正如史应勇所言："很明显郑注三礼是以《周礼》为主导的，而将汉代传统的

① (汉)郑玄注，(唐)贾公彦疏，彭林整理《周礼注疏・序周礼废兴》，上海古籍出版社，2010 年。

② (清)阮元校刻《十三经注疏》，中华书局，1980 年，第 1435 页。

礼经——《仪礼》置于相对从属的地位，即晚清礼经学家曹元弼所谓'本《周礼》以提其纲'。这已彻底地改变了汉代传统的三礼体系。"[①]郑玄为《周礼》作注，使《周礼》定于一尊，其经典的地位维持了千余年，直到宋代，才有人开始怀疑它的地位与价值。所以，可以这样说，《周礼》起于刘歆而成于郑玄。

汉代经学存在今文与古文之争。因《周礼》自发现起就是古文，故无今古文之问题。但汉代注家在注经时却壁垒分明。大体上说，今文学家注经，重章句解说，尽量发挥其微言大义，其弊端在于烦琐与支离。古文家注经，重在训诂，举大义而不为章句。林庆彰先生指出，西汉宣帝以后，今文博士为了长久保有地位，解释经书时，逐渐和政治结合，"当时统治者喜欢阴阳灾异，这些博士和他的弟子们，马上把经书附会上阴阳灾异；统治者喜欢以经书论教化，经书也成了教化的工具；统治者喜欢图谶，经书也染上图谶的色彩"[②]，其结果就是章句多者或至百余万言，学事倍而功半。在这种情况下，郑玄提纲挈领、简明扼要经注的出现，自能使人耳目一新。

彭林先生认为，郑玄不仅是遍注《三礼》的第一人，也取得了前所未有的成就：一、博综众家，兼采今古文。郑玄抛开门户之见，于诸说之中择优而从，当时的学者苦于师法、家法繁冗难从，郑玄沟通今古文注《三礼》，学者从此不再舍此逐彼，因而

---

① 史应勇《郑玄通学及郑王之争研究》，巴蜀书社，2007年，第167页。

② 林庆彰《两汉章句之学重探》，《中国经学史论文选集》，文史哲出版社，1992年，第284页。

靡然从之。二、文字精审,要而不繁。郑玄解经,并不面面俱到,字字出注,而是抓住难点,故注文虽简,而经义已达。三、发明义例。阮元在《周礼注疏校勘记序》中说郑玄注《周礼》创立了"读如""读为""当为"三种义例。"读如"是比拟某字的读音;"读为"是就某字之音而易其字,以明其义;"当为"是判定误字,指明正字。由于建立了这些义例,经文大意才得以被读通,在训诂学上有重要的意义。四、去取谨慎。遇有是非难断处,郑玄并不轻易删改,只在注文中说明自己的意见,其间是非,由读者自己去判断,古书原貌由此得以保存。"《三礼》因郑玄之注而成为显学,其余各家的《三礼》之注因此废而不行。"①

魏晋之际,对经学影响较大者便是王肃。王肃亦遍注群经,其中有《周官礼注》十二卷。王肃治经,好与郑玄立异。其"集《圣证论》以讥短玄",又"规玄数十百件",一心要取代郑学的地位。当时王肃与司马氏结党,其女又嫁给了司马懿之子司马昭。因此凭借政治势力和姻戚关系,其所注诸经"皆立于学官"。

王肃治古文学出身,与郑玄最大的差异是,郑玄相信谶纬之说,而王肃则不信。《隋书·经籍志》云:"起王莽好符命,光武以图谶兴,遂盛行于世。汉时,又诏东平王苍,正五经章句,皆命从谶。俗儒趋时,益为其学,篇卷第目,转加增广。言五经者,皆凭谶为说。唯孔安国、毛公、王璜、贾逵之徒独非之,相承

① 彭林《〈三礼〉说略》,《经史说略——十三经说略》,北京燕山出版社,2002年,第117页。

以为妖妄，乱中庸之典。故因汉鲁恭王、河间献王所得古文，参而考之，以成其义，谓之'古学'。当世之儒，又非毁之，竟不得行。魏代王肃，推引古学，以难其义。王弼、杜预，从而明之，自是古学稍立。至宋大明中，始禁图谶。"①

王肃所要做的，是要恢复纯正的古学，将汉注家以谶纬释经的妖妄从经书中革除。西晋承魏绪，亦重王肃之学。然而王学之盛，仅昙花一现，随着西晋的灭亡，王学博士俱废。虽然治经态度正确，但王学缘何无法完全取代郑学？牟钟鉴指出：郑玄与王肃二者治经的根本方法是相同的，两者之异只在具体知识上。王肃注经并没有提出一个适合时代发展需要的崭新哲学体系，用以代替郑玄的经学，他所做的，最多是对郑玄经注的修正和补充。这就是王学不能最终战胜郑学并且不能为经学开辟新时期的主要缘由②。

## 第二节　南北朝《周礼》义疏学

南北朝时期，经学有"南学""北学"之异。《隋书·儒林传序》云："南北所治，章句好尚，互有不同。江左《周易》则王辅嗣，《尚书》则孔安国，《左传》则杜元凯。河、洛《左传》则服子慎，《尚书》《周易》则郑康成。《诗》则并主于毛公，礼则同遵于

---

① （唐）魏征等《隋书》，中华书局，1973 年，第 941 页。

② 牟钟鉴《南北朝经学述评》，《涵泳儒学》，中央民族大学出版社，2011 年，第 114 页。

郑氏。大抵南人约简，得其英华，北学深芜，穷其枝叶。考其终始，要其会归，其立身成名，殊方同致矣。”[①]虽然经学分南北，然而礼学则同遵于郑玄。

在南朝，由于统治者重视礼仪礼制的建设，这一时期出现了一批精于《三礼》的儒学专家和礼学著作。马宗霍在《中国经学史》一书中概述了南朝《三礼》的兴旺：“经学之最可称者，要推《三礼》。故《南史·儒林传》何佟之、司马筠、崔灵恩、孔佥、沈峻、皇侃、沈洙、戚衮、郑灼之徒，或曰‘少好《三礼》’，或曰‘尤明《三礼》’，或曰‘尤精《三礼》’，或曰‘尤长《三礼》’，或曰‘通《三礼》’，或曰‘善《三礼》’，或曰‘受《三礼》’。而晋陵张崖、吴郡陆诩、吴兴沈德威、会稽贺德基，亦俱以《礼》学自命。《三礼》之中，又有特精者，如沈峻之于《周官》，见举于陆倕；贺德基之于《礼记》，见美于时论。《仪礼》则专家尤众，鲍泉于《仪礼》号最明。分类撰著者，有明山宾《吉礼仪注》《礼仪》《孝经》《丧礼服仪》、司马褧《嘉礼仪注》、严植之《凶礼仪注》、贺玚《宾礼仪注》，而沈不害则总著《五仪礼》。”[②]南朝诸儒兼习《三礼》者虽众，而研治《周礼》者则寡。《隋书·经籍志》所载南朝时有关《周礼》的著作，仅寥寥数种，远没有《仪礼》和《礼记》的多。南朝治《周礼》而知名者，唯有梁之沈峻。《南史·儒林传》载吏部郎陆倕写信给仆射徐勉推荐沈峻曰：“凡圣贤所讲之书，必以《周官》立义，则《周官》一书，实为群经源本。此学不传，多历年

① (唐)魏征等《隋书》，中华书局，1973 年，第 1705—1706 页。

② 马宗霍《中国经学史》，上海书店，1984 年，第 79 页。

世。北人孙详、蒋显亦经听习，而音隔楚、夏，故学徒不至；唯助教沈峻特精此书，比日时开讲肆，群儒刘岩、沈宏、沈熊之徒，并执经下坐，北面受业，莫不叹服，人无间言。弟谓宜即用此人，令其专此一学，周而复始，使圣人正典废而更兴。”徐勉听从了陆倕的意见，“奏峻兼《五经》博士，于馆讲授，听者常数百人”，“传峻业者，又有吴郡张及、会稽孔子云，官皆至《五经》博士、尚书祠部郎”①。“此学不传，多历年世”道出了南朝《周礼》学处境之尴尬，然沈峻特精《周礼》，开筵讲授，使得《周礼》之学得以传承。

除了沈峻，南朝另一位重要的《三礼》学名家崔灵恩亦精于《周礼》之学。《梁书·儒林传》载：“崔灵恩，清河东武城人也。少笃学，从师遍通《五经》，尤精《三礼》《三传》。先在北仕为太常博士，天监十三年归国。高祖以其儒术，擢拜员外散骑侍郎，累迁步兵校尉，兼国子博士。灵恩聚徒讲授，听者常数百人。性拙朴无风采，及解经析理，甚有精致，京师旧儒咸称重之，助教孔佥尤好其学。……灵恩《集注毛诗》二十二卷，《集注周礼》四十卷，制《三礼义宗》四十七卷，《左氏经传义》二十二卷，《左氏条例》十卷，《公羊穀梁文句义》十卷。”②崔灵恩曾任北魏太常博士，后归梁，撰有《集注周礼》四十卷、《三礼义宗》四十七卷，二书均已不存，清人马国翰从诸书中辑出《三礼义宗》共174条，其中《周礼义宗》32条③。

---

① （唐）李延寿《南史》，中华书局，1975年，第1741页。
② （唐）姚思廉《梁书》，中华书局，1973年，第676—677页。
③ （清）马国翰《玉函山房辑佚书》，广陵书社，2005年。

由马国翰所辑佚文，可以看出崔灵恩《周礼义宗》的特点。首先，以郑注为宗。例如，《春官·大宗伯》"以血祭祭社稷、五祀、五岳"，崔灵恩云："郑玄注社稷者，土谷之神，句龙后稷以配食也。案所据《郊特牲》云，社祭土而主阴气，君南向于北牖下，答阴之义。又云，社者，神地之道。又，《周礼》以血食祭社稷、五祀、五岳，乐用灵鼓。大丧三年不祭，唯天地社稷越绋而行事。又王肃云，句龙、周弃并为五官，故祀为社稷。案所据《左氏传》云，句龙为后土，祀以为社，故曰伐鼓于社。责上公也，今俗犹言社公，上公之义耳。又牲用太牢，与地不同。若稷是谷神，祭之用稷，反自食乎？二家之说虽各有通途，但昔来所习谓郑为长，故依郑义。"[①]郑注云，社、稷谓五土之神与五谷之神。王肃则云，社，社公，上公也，与地不同，稷亦非谷神。崔灵恩虽然认为二家各有道理，但历来都以郑注为是，故弃王从郑。南朝治礼虽也以郑学为宗，但有时亦间采王肃之说，不如北朝专崇郑注之正。然崔灵恩为由北入南之儒，南学对其影响并不大，其治经仍以北学为主，其礼学亦独尊郑注。其次，重视阐发礼义。如《天官·酒正》"凡祭祀，以法共五齐三酒，以实八尊。大祭三贰，中祭再贰，小祭壹贰，皆有酌数"，崔灵恩云："郑司农云，大祭天地，圆丘明用五齐，余感帝、迎气、神州等并自醴齐而下四齐而已。不用圭瓒而用陶匏者，物无称天之德，故但取天地之性。"[②]大祭之齐酒盛于陶匏中，而不是圭瓒中，因为祭天

① (清)马国翰《玉函山房辑佚书》，广陵书社，2005年，第1144页。

② 同上，第1143页。

地为至敬，所用器物以质朴为尚。又，《春官·大宗伯》"以苍璧礼天"崔灵恩云："苍璧所以礼天，其长尺有二寸，盖法天之十二时。"①依崔氏说，苍璧之所以一尺二寸，象征了一天的十二个时辰。

北朝重视《周礼》，尤胜于南朝。西魏时期，宇文泰当政，任用苏绰进行改制，全仿《周礼》建立六官。及至其子建立北周，仍沿其制，因此当时颇多研习《周礼》者。《周书·熊安生传》云："时朝廷既行《周礼》，公卿以下多习其业。"②即便如此，《周礼》研究亦未成气候，"诸生尽通《小戴礼》，于《周》《仪礼》兼通者十二三焉"③，仍以《礼记》为大宗。研习者寡，则有所成就者必然不多。清人姚振宗曾言："北朝自沈重外，无以《周礼》名家者。"④

据《周书·沈重传》，沈重本为南梁儒者，与沈峻同族，皆吴兴武康人。明《诗》《礼》及《左氏春秋》，曾为梁武帝五经博士，后事梁元帝及梁主萧詧。因其品学俱优，周武帝曾派宣纳上士柳裘至梁征之，邀其北上。保定末，沈重至北周京师。其《三礼》著作有《周礼义》三十一卷、《仪礼义》三十五卷、《礼记义》三十卷、《丧服经义》五卷、《周礼音》一卷、《仪礼音》一卷、《礼记音》二卷，可谓礼学尤精，惜其著作均亡佚。马国翰辑有《周官

---

① （清）马国翰《玉函山房辑佚书》，广陵书社，2005年，第1144页。

② （唐）令孤德棻等《周书》，中华书局，1971年，第812页。

③ （唐）李百药《北齐书》，中华书局，1972年，第583页。

④ （清）姚振宗《隋书经籍志考证》，《二十五史补编》本，中华书局，1955年，第3866页。

礼义疏》一卷,《礼记沈氏义疏》一卷,或从《释文》,或从孔氏《礼记正义》中辑出。马氏所辑沈重《周官礼义疏》,以释音为主,释义者甚少,且所辑佚文片鳞只甲,欲客观评判沈重《周官礼义疏》特点,几无可能。

北朝另一位大儒熊安生,礼学亦极明。据《周书·熊安生传》,熊氏师从房虬学《周礼》,又师事北朝大儒徐遵明数年,后受《礼》于李宝鼎,博通《五经》。熊安生专以《三礼》教授,曾为北齐公卿释讲《周礼》疑义。其弟子有马荣伯、张黑奴、窦士荣、孔笼、刘焯、刘炫,皆活跃于隋初,其中尤以刘焯、刘炫对隋初经学影响显著。熊安生礼学著作有《周礼义疏》《礼记义疏》,均已亡佚。熊氏既是北朝礼学的集大成者,又是南北朝至隋唐礼学发展中具有纽带作用的重要人物,他的治经特点颇能代表北朝礼学的一般特点。孔颖达《礼记正义》援引了很多熊安生《礼记义疏》的内容,通过考察《礼记正义》所引熊说,我们也可以了解熊氏礼学之大概。

首先,熊氏治礼以郑注为宗。如,《周礼·夏官·旅贲氏》"凡祭祀、会同、宾客,则服而趋",郑注云:"则此士之齐服,服玄端。"案,《礼记·玉藻》"玄冠丹组缨,诸侯之齐冠也。玄冠綦组缨,士之齐冠也",孔颖达《礼记正义》引熊安生说云:"其天子之祭,玄冕祭则玄冠齐,絺冕祭则玄冕齐,以次差之可知也。""若士助王祭祀,服爵弁;若助王受朝觐,齐服则服玄端。"[1]则熊安生申论郑注,将士助祭天子之所服作了细分:助

① (清)阮元校刻《十三经注疏》,中华书局,1980年,第1477页。

王祭祀，服爵弁；助王受朝覲，齐服则服玄端。《夏官·旅贲氏》则为士助王受朝覲所服。又，《礼记·曾子问》“其吉祭特牲”，郑注云：“尊宗子从成人也。凡殇则特豚，自卒哭成事之后为吉祭。”孔颖达《正义》引熊氏云：“殇与无后者，唯祔与除服二祭则止。此言吉祭者，唯据附与除服也。”[①]郑注认为吉祭是卒哭成事以后之祭，熊说进一步申郑，认为吉祭就是指祔祭与除服祭。其次，好引谶纬。郑氏解经好引谶纬，熊氏继承了这一点。熊安生本传就说其“乃讨论图纬，捃摭异闻，先儒所未悟者，皆发明之”。孔颖达在《礼记正义序》亦评论说：“熊则违背本经，多引外义，犹之楚而北行，马虽疾而去逾远矣。又欲释经文，唯聚难义，犹治丝而棼之，手虽繁而丝益乱也。”只要一涉谶纬，熊氏往往广征博引，枝蔓不节。例如《礼记·曲礼上》“太上贵德”，孔颖达《正义》云：“熊氏云：‘三皇称皇者，皆行合天皇之星。’故《诗纬·含神务》宋均注云：‘北极天皇大帝，其精生人。’然则称皇者，皆得天皇之气也。郑玄意则以伏牺、女娲、神农为三皇，故注《中候·敕省图》引《运斗枢》‘伏牺、女娲、神农为三皇也’。然宋均注《援神契》引《甄耀度》数燧人、伏牺、神农为三皇，谯周《古史考》亦然。《白虎通》取伏牺、神农、祝融为三皇，孔安国则以伏牺、神农、黄帝为三皇，并与郑不同。此皆无所据，其言非也。郑数伏牺、女娲、神农，非谓其人身自相接，其间代之王多矣。《六艺论》云：‘燧人至伏牺一百八十七代。’宋均注《文耀钩》云：‘女娲以下至神农七十二姓。’谯周以为伏牺以次有三姓始至女娲，

① （清）阮元校刻《十三经注疏》，中华书局，1980年，第1400页。

女娲之后五十姓至神农,神农至炎帝一百三十三姓。是不当身相接。谯周以神农炎帝为别人,又以神农为木德,女娲为水德,皆非郑义也。其五帝者,郑注《中候·敕省图》云:'德合五帝坐星者称帝,则黄帝、金天氏、高阳氏、高辛氏、陶唐氏、有虞氏。'是也。实六人而称五者,以其俱合五帝坐星也。五帝所以称帝者,《坤灵图》云:'德配天地,在正不在私,称之曰帝。'三王称王者,庄三年《穀梁传》曰:'其曰王者,人所归往也。'散而言之,则三皇亦称帝,则《月令》云'其帝太昊'是也。五帝亦称皇,则《吕刑》云'皇帝清问下民'是也。至三王德劣,不得上同于天,唯称王而已。此云'太上贵德',郑云'帝皇之世',则帝皇以上皆行德也。所以《中候·握河纪》云:'皇道帝德,非朕所事。'是三皇行道,五帝行德,不同者但德由道生,道为其本,故道优于德。散而言之,德亦是道,故总云'贵德'。既三皇行道,五帝行德,以次推之,则三王行仁,五霸行义。五帝虽行德,亦能有仁,故《大学》云'尧舜率天下以仁'是也。案《老子》云:'道常无名。'河上公云:'能生天地人,则当大《易》之气也。'《道德经》云:'上德不德。'其德稍劣于常道,则三皇之世,法大《易》之道行之也。然则可行之道,则伏牺画八卦之属是也,三皇所行者也。'下德不失德',河上公云:'下德谓号谥之君。'则五帝所行者也。但三皇则道多德少,五帝则道少德多,此皆熊氏之说也。"[①]为证三皇五帝道德之说,熊氏几乎遍引五经纬书:《诗纬·含神务》《尚书中候·敕

① (清)阮元校刻《十三经注疏》,中华书局,1980年,第1231—1232页。

省图》《尚书中候·握河纪》《春秋纬·文耀钩》《易纬·坤灵图》《孝经纬·援神契》。此外，亦将《老子》纳入引证范围。熊氏好用外义由此可见一斑。再次，善于总结礼例。例如《礼记·郊特牲》"魂气归于天，形魄归于地，故祭求诸阴阳之义也。殷人先求诸阳，周人先求诸阴"，孔颖达《正义》云："熊氏以为殷人先求诸阳，谓合乐在灌前，周人先求诸阴，谓合乐在灌后，与降神之乐别。熊氏又云：'凡大祭并有三始：祭天，以乐为致神始，以烟为歆神始，以血为陈馔始。祭地，以乐为致神始，以腥为歆神始，以血为陈馔始。祭宗庙，亦以乐为致神始，以灌为歆神始，以腥为陈馔始。'"[①]熊氏对大祭三始所用礼乐进行了总结。

## 本章小结

无论南朝之崔灵恩，还是北朝的熊安生，其治礼学，皆逃不出郑学的范畴，这与汉魏以来治礼以本经为主的路数大不相同。马宗霍在谈到南北朝经学特点时说："南北经学，虽趣尚互殊，而诸儒治经之法，则大抵相同。盖汉人治经，以本经为主，所为传注，皆以解经；至魏晋以来，则多以经注为主，其所申驳，皆以明注。即有自为家者，或集前人之注，少所折衷，或隐前人之注，迹同攘善，其不依旧注者，则又立意与前人为异者也。至南北朝，则所执者更不能出汉魏晋诸家之外，但守一家之注而

① (清)阮元校刻《十三经注疏》，中华书局，1980年，第1457—1458页。

诠解之,或旁引诸说而证明之,名为经学,实即注学。于是传注之体日微,义疏之体日起矣。"[①]汉人治经,以本经为主,降至魏晋,则经、注兼顾,及至南北朝,各宗一家注,因注说经。这种名为经学,实即注学的治经风尚,最终深刻影响了唐代的经学格局和面貌。唐初孔颖达修《五经正义》,无论是经注内容,还是注疏体式,无不受到南北朝经学的影响。《周礼》学的发展也大体如是。贾公彦的《周礼疏》,亦是在南北朝礼学旧疏的基础上整理、编订完成的。

① 马宗霍《中国经学史》,上海书店,1984年,第85页。

# 第三章 《周礼疏》的体式与内涵特征

《周礼疏》乃据南北朝旧疏删订而成(本书将在第五章专门论述),因此保留了前朝旧疏体式与内涵的某些共性。因其修撰背景与目的毕竟与旧疏不同,故又表现出某些特性。

## 第一节 《周礼疏》之体式

### 一、外在体式

#### (一) 经、注兼释

经、注兼释为义疏家之通例。长孙无忌《唐律疏议·名例》云:"昔者,圣人制作谓之为经,传师所说则谓之为传,此则丘明、子夏于《春秋》《礼经》作传是也。近代以来,兼经、注而明之,则谓之为义疏。"[①]对义疏兼释经、注之体例,言之甚明。孙诒让《周礼正义·略例十二凡》亦云:"凡疏家通例,皆先释经,

① 刘俊文笺解《唐律疏议笺解》,中华书局,1996 年,第 2 页。

次述注。”[①]以义疏的性质而言，疏主一家之注以说经，释注亦旨在明经义也。

贾疏对经文及注之训释，有详有略。大体来说，释经略，释注详。对于郑之经、注，贾氏几乎句句训释，一丝不苟。释经则多因郑玄不出注，或注文简省，认为有必要补充说明者。还有一种情形，郑氏虽然注经，但注文简明，贾氏加以补充。然而，这只是从总体上而言，其实贾疏亦有不释《周礼》经文者。当郑玄释经之注周到而详明，贾氏通常不再赘言。

**（二）释经、注标起讫**

贾疏体式的另一特点是标明经、注起讫。所谓标起讫，即为节省抄录之劳，对于所释经、注之文，仅截取其首二字与尾二字，中间以一“至”字连接，置于疏前，以明所疏之对象。为经、注标明起讫并非始于唐朝。苏莹辉云：“经传朱墨之法诚不古，然就《经典释文》及敦煌本《诗》《春秋》两正义之‘传、注朱书标起止，正义墨书’等情形观之，则其法昉于六朝，盛于李唐，殆无疑义。”[②]据苏氏所言，为经、注标起讫当始于六朝，而大盛于唐朝。

---

① （清）孙诒让撰，王文锦、陈玉霞点校《周礼正义》，中华书局，2013年，第2页。

② 苏莹辉《略论五经正义的原本格式及其标记经传注文起讫情形》，《敦煌论集续编》，学生书局，1983年，第84页。

## 二、训释形式

### （一）直释其义

贾疏对经、注之训解，最基本的形式是直释其义，如“某，某也”“某，谓某”等句式。例如，《春官·大卜》“以八命者赞《三兆》《三易》《三梦》之占，以观国家之吉凶，以诏救政”，贾氏疏经云：

> 云“以八命者赞《三兆》《三易》《三梦》之占”者，以上文八事命龟之辞。赞，佐也。佐明《三兆》《三易》《三梦》之占辞，将此辞演出其意，以观国家之吉凶。诏，告也。凶则告凶，救其政，使王改过自新。[①]

“赞，佐也”“诏，告也”属于直释其义。又，《春官·大祝》“辨九拜，一曰稽首，二曰顿首，三曰空首，四曰振动，五曰吉拜，六曰凶拜，七曰奇拜，八曰褒拜，九曰肃拜，以享右祭祀”，贾氏释经云：

> 空首者，先以两手拱至地，乃头至手，是为空首也。以其头不至地，故名空首。顿首者，为空首之时引头至地，首

① （汉）郑玄注，（唐）贾公彦疏，彭林整理《周礼注疏》，上海古籍出版社，2010年，第925页。

> 顿地即举，故名顿首。一曰稽首，其稽，稽留之字，头至地多时，则为稽首也。[①]

此贾氏直释“空首”“顿首”“稽首”也。又，《春官·冢人》“大丧既有日，请度甫竁，遂为之尸”，贾疏云：

> 大丧，谓王丧。有日，谓葬日。天子七月而葬，葬用下旬。云“请度甫竁”者，谓冢人请于冢宰，量度始穿地之处也。[②]

以上所举诸例，皆属于直释其义。

**（二）阐释因由**

除了直释其义，贾疏亦阐明经、注之因，如“知某者，是以（故）”等句式是也。例如，《春官·肆师》“共设匪瓮之礼”，郑注：“设于宾客之馆。”贾疏云：

> 郑知设于宾客之馆者，凡待宾客之礼，飨食在庙，其器不用匪瓮。今言共设匪瓮，明是王不亲飨食，于宾馆设之可知。[③]

---

① （汉）郑玄注，（唐）贾公彦疏，彭林整理《周礼注疏》，上海古籍出版社，2010年，第962页。

② 同上，第820页。

③ 同上，第724页。

贾疏阐明郑注于宾客之馆设匪瓮之因，即王不亲自飨宴，在宾馆款待之，故设匪瓮。再如，《地官・掌蜃》“祭祀，共蜃器之蜃”，郑注：“饰祭器之属也。《鬯人职》曰：‘凡四方山川用蜃器。’《春秋》：定十四年秋，‘天王使石尚来归蜃’。”贾疏云：

> 经直云蜃器之蜃，郑总云祭器之属，不辨宗庙及社稷之器，则宗庙社稷皆用蜃饰之。知义然者，案：此注引《左氏》云：“石尚来归蜃。”《公羊》以为宜社之肉，以蜃器而盛肉，故名肉为蜃，是祭社之器为蜃也。《大行人》云：“归脤以交诸侯之福。”彼则宗庙社稷之器物，谓之为脤。是其宗庙、社稷之器，皆蜃灰饰之事也。①

贾氏解释郑注为何认为“蜃器”为饰祭器之属。引《公羊传》明宜社之肉，以蜃器盛之，是祭社稷之器为蜃；引《秋官・大行人》明宗庙社稷之器物谓之脤。故社稷、宗庙之器皆蜃饰之。

### （三）分析结构及总结章义

主要是指分析经文结构，最为常见的句式是“某与某为总目”，例如，《地官・鼓人》“掌教六鼓、四金之音声，以节声乐，以和军旅，以正田役”，贾氏释经云：

① （汉）郑玄注，（唐）贾公彦疏，彭林整理《周礼注疏》，上海古籍出版社，2010年，第601页。

此一经，是与下为总目之语也。[①]

此经言《鼓人》掌教六鼓、四金之音及辨其声用，此经以下则分述“六鼓”：雷鼓、灵鼓、路鼓、鼖鼓、鼛鼓、晋鼓；“四金”：金錞、金镯、金铙、金铎。故贾氏云此一经为下文之总目也。又，《地官·司救》“掌万民之邪恶过失而诛让之，以礼防禁而救之”，贾氏释经云：

云“掌万民之邪恶过失而诛让之”者，此经与下文二经为总目也。[②]

贾疏云“此经与下文二经为总目也”，“下文二经”指的是《司救》接下来之经文“凡民之有邪恶者，三让而罚，三罚而士加明刑，耻诸嘉石，役诸司空。其有过失者，三让而罚，三罚而归于圜土。凡岁时有天患民病，则以节巡国中及郊野，而以王命施惠”。即民有邪恶，岁有天患民病二事。“掌万民之邪恶过失而诛让之”与彼二事有总分关系。又，《夏官·职方氏》“东南曰扬州，其山镇曰会稽，其泽薮曰具区，其川三江，其浸五湖，其利金锡竹箭，其民二男五女，其畜宜鸟兽，其谷宜稻”，贾疏云：

① (汉)郑玄注，(唐)贾公彦疏，彭林整理《周礼注疏》，上海古籍出版社，2010年，第444页。

② 同上，第503页。

自此已下陈九州之事，总为三道陈之。先从南方起，盖取尊其阳方。周改《禹贡》，以徐、梁二州合之于雍、青，分冀州地以为幽、并，东南曰扬州，次正南曰荆州，周之西南不置州，统属雍州，即次河南曰豫州，为一道也。次正东曰青州，次河东曰兖州，次正西曰雍州，为二道。又次东北曰幽州，次河内曰冀州，次正北曰并州，为三道。[①]

贾氏将《职方氏》所陈之九州归为三道：南方，包括东南、正南、西南及河南；东西方，包括正东、河东、正西；北方河内，包括东北、河内、正北。

贾疏亦善于总结经文内容，兹举数例：

《地官・载师》"以廛里任国中之地，以场圃任园地，以宅田、士田、贾田任近郊之地，以官田、牛田、赏田、牧田任远郊之地，以公邑之田任甸地，以家邑之田任稍地，以小都之田任县地，以大都之田任畺地"，贾疏云：

此一经，论任土之法。[②]

又，《春官・保章氏》"以十有二风察天地之和，命乖别之妖祥"，贾疏云：

① (汉)郑玄注，(唐)贾公彦疏，彭林整理《周礼注疏》，上海古籍出版社，2010年，第1273页。

② 同上，第467页。

此一经欲见十二辰头律气，以知妖祥之事。[①]

又，《秋官·司仪》“凡诸侯之交，各称其邦而为之币，以其币为之礼”，贾疏云：

此一经，惟论享币多少，及主国报礼轻重之事。[②]

又，《秋官·职金》“受其入征者，辨其物之媺恶与其数量，楬而玺之，入其金锡于为兵器之府，入其玉石丹青于守藏之府”，贾疏云：

此一经，总陈受藏金玉之事。[③]

又，《考工记·弓人》，“挢干欲孰于火而无赢，挢角欲孰于火而无燂，引筋欲尽而无伤其力，鬻胶欲孰而水火相得，然则居旱亦不动，居湿亦不动”，贾疏云：

此一经，明料理干、角、筋、胶四者，得所不得所之事。[④]

---

① (汉)郑玄注，(唐)贾公彦疏，彭林整理《周礼注疏》，上海古籍出版社，2010 年，第 1023 页。

② 同上，第 1487 页。

③ 同上，第 1389 页。

④ 同上，第 1710 页。

以上所举诸例，皆贾氏概括经文内容之语也。

**（四）案断**

贾氏精于《三礼》，且深谙郑注，故在义疏过程中，能够将礼学三书及郑注融会贯通。当《周礼》本经与他经之间、《周礼》诸郑注之间、《周礼》郑注与他经郑注之间存有疑义时，贾氏往往以案语的形式进行辨析。案断侧重于立说之评判，是对经、注另一种形式的诠释。

《春官・大宗伯》"以九仪之命，正邦国之位：壹命受职，再命受服……"，郑注云："郑司农云：'受服，受祭衣服，为上士。'玄谓此受玄冕之服，列国之大夫再命，于子男为卿。卿大夫自玄冕而下，如孤之服。王之中士亦再命，则爵弁服。"贾疏云：

> 案：先郑解此九仪，皆先言王臣，后郑皆诸侯为首，以王臣亦之者，后郑见上云正邦国之位，故以诸侯为首，后以王臣亦之，得其理也。①

从一命至九命，先郑皆先言王之臣，郑玄则皆先言诸侯，王臣随之。贾氏认为，上经言"正邦国之位"，当以诸侯为首，王臣随之，郑玄之说得之。故以案语说明。又，《春官・司几筵》"凡大朝觐、大飨射，凡封国、命诸侯，王位设黼依，依前南乡，设莞筵纷纯，加缫席画纯，加次席黼纯，左右玉几。祀先王、昨席，亦如

① （汉）郑玄注，（唐）贾公彦疏，彭林整理《周礼注疏》，上海古籍出版社，2010 年，第 675 页。

之。诸侯祭祀席蒲筵缋纯，加莞席纷纯，右雕几。昨席莞筵纷纯，加缫席画纯。筵国宾于牖前亦如之，左彤几”，在一一疏释完经、注之后，贾氏案语道：

> 案：《礼记·礼器》云：“天子之席五重，诸侯三重。”今天子唯三重，诸侯二重者，彼云五重者，据天子大祫祭而言。若禘祭当四重，时祭当三重，皆用此三重席耳。故此唯见三重席也。诸侯三重，上公当四重，亦谓大祫祭时。若禘祭，降一重，诸侯二重，禘与时祭同。卿大夫已下，《特牲》《少牢》唯见一重耳。若为宾飨，则加重数，非常法，故不与祭祀同也。[①]

《礼记·礼器》亦有关于筵席的记载，故贾氏将《周礼·司几筵》此经与彼文进行对照。但《礼记》所记“天子之席五重，诸侯三重”，《司几筵》记为“天子唯三重，诸侯二重”，同样是天子、诸侯筵席，二经所记有别。贾氏认为，《礼记》“云五重者，据天子大祫祭而言”，《司几筵》所谓天子三重席当据禘祭、时祭也。又，《地官·司市》“以次叙分地而经市”，郑注云：“次谓吏所治舍，思次、介次也。若今市亭然。叙，肆行列也。”贾疏云：

> 云“叙，肆行列也”者，以其言叙即行肆之列，故为行列

① （汉）郑玄注，（唐）贾公彦疏，彭林整理《周礼注疏》，上海古籍出版社，2010年，第758页。

> 解之。案:《内宰职》云:“设其次,置其叙,正其肆。”注云:“次,思次。叙,介次。”不为行列,与此注违者,彼文次与叙,下更云“正其肆”,则肆为行列,故分次为思次,以叙为介次也。此文不具,直有次叙,无言正其肆,故并思介同名为次,叙为行列,此郑望文为义,故注不同。[①]

此经郑玄训“叙”为“行列”,而在《内宰》职中,郑玄释“叙”为“介次”,为市政官之治所。同字却不同训。贾氏案语解释了郑注两处同释“叙”而义不同的原因:《内宰》“设其次,置其叙,正其肆”次、叙、肆皆有,肆指行列,次叙分别指思次、介次。而此经只有“次叙”无肆,故思次、介次同名为次,叙为行列。郑玄是具体语境具体分析。

## 第二节 《周礼疏》之内涵特征

### 一、疏通疑义

郑玄遍注群经,且诸经注文相互关联,已然构成一独立学术体系。贾氏所做的就是尽力疏通郑注,使其体系更趋于精致与完善。对于本经诸郑注之间及本经诸郑注与他经诸郑注之

① (汉)郑玄注,(唐)贾公彦疏,彭林整理《周礼注疏》,上海古籍出版社,2010 年,第 516 页。

间相同、相似以及相关的说法，贾氏往往进行辨析，对于有疑义处则尽力疏通证明。

### （一）疏通本经注之疑义

《春官·大宗伯》“凡祀大神，享大鬼，祭大示，帅执事而卜日，宿，视涤濯，莅玉鬯，省牲镬，奉玉齍，诏大号，治其大礼，诏相王之大礼”，郑注云：“执事，诸有事于祭者。宿，申戒也。涤濯，溉祭器也。玉，礼神之玉也。”贾疏云：

> 云“玉，礼神之玉也”者，即苍璧、黄琮、青圭、赤璋之等，及四圭、两圭之类皆是，礼神置于神坐也。案：《九嫔职》云“赞玉齍”，注云：“玉齍，玉敦，盛黍稷。”与此注玉为礼神之玉，齍即非玉敦所节。注不同者，彼九嫔所赞，赞后设之，据宗庙。宗庙无礼神玉，则玉齍不得别解，故为玉敦。此据天地为主，有礼神玉，故与齍别释也。《大宰》云“祀五帝，赞玉币爵之事”，注云：“三者执以从王，至而授之。”彼所执，据五帝。此所奉，据昊天与昆仑，故不同。①

此经郑注释“玉鬯”“玉齍”之玉皆为“礼神之玉”，与《九嫔》郑氏注“赞玉齍”之“玉齍”为盛黍稷之器不同。贾疏释疑云：《九嫔》佐助王后，据宗庙之礼，而宗庙无礼神之玉，故玉齍只得解为盛黍稷之器。《大宗伯》据天地之礼，则有礼神之玉，故玉齍可以

① （汉）郑玄注，（唐）贾公彦疏，彭林整理《周礼注疏》，上海古籍出版社，2010 年，第 692—693 页。

别解。又，《夏官·大司马》“王吊劳士庶子，则相”，郑注云：“师败，王亲吊士庶子之死者，劳其伤者，则相王之礼。庶子，卿大夫之子从军者，或谓之庶士。”贾疏云：

> 案：《宫伯》云“掌宫中士庶子”，注“士，適子。庶子，其支庶”，与此注云“庶子为卿大夫之子”，適庶俱兼，则经中士为卿大夫士之身。与《宫伯》注不同者，彼宫正掌卿大夫士身，宫伯别掌士庶子，士庶子为適子支子明矣。此惟一文。云“吊劳士庶子”，不见别有吊劳卿大夫士身，故分之。郑望经为注，故不同也。若然，此注不云士之子者，以其卿大夫之適子，为王与后与士同，故亲吊劳之。士之子如众人，不得为王及后如士，故不吊劳之也。[①]

此处郑玄释“庶子”为卿大夫之子，嫡、庶兼具。而在《宫伯》注中，郑玄又云“士，適子。庶子，其支庶”，则庶子指嫡子以外的庶出。郑氏二注互有不同。贾氏疏释其疑云：宫正掌卿大夫士身，宫伯掌士庶子，二官分工明确，故士庶子区分为嫡子与庶出。此经只此一处言士庶子，不见其他言“吊劳卿大夫士身”，故此处“士庶子”分别指“士(卿大夫士之身)”与“庶子(卿大夫之子)”，郑注是具体语境具体分析。

**(二) 疏通本经及注与他经郑注歧义**

《春官·小宗伯》“小宗伯之职，掌建国之神位，右社稷，左

---

① (汉)郑玄注，(唐)贾公彦疏，彭林整理《周礼注疏》，上海古籍出版社，2010年，第1134页。按：“適”通“嫡”，非“适”的繁体，下同。

宗庙”，贾疏云：

> 言“右社稷，左宗庙”者，案：《匠人》亦云“左宗庙，右社稷”。彼掌其营作，此掌其成事位次耳。案《礼记·祭义》注云：“周尚左。”又案：桓公二年，“取郜大鼎，纳于大庙”。何休云：“质家右宗庙，尚亲亲。文家右社稷，尚尊尊。”若然，周人右社稷者，地道尊右，故社稷在右，是尚尊尊之义。此据外神在国中者，社稷为尊。故郑注《郊特牲》云：“国中神莫大于社。”《祭义》注周尚左者，据内神而言。若据衣服尊卑，先王衮冕，先公鷩冕，亦贵于社稷，故云“周尚左”。各有所对，故注不同也。①

本经、《匠人》、《公羊》何休注、《郊特牲》郑注皆以为“周人右社稷”。古人以右为尊，社稷在右，即是尊尚之义。社稷为尊，宗庙次之。而《礼记·祭义》郑注却云“周尚左”，即宗庙尊于社稷。贾疏解释其不同，谓周人右社稷者，以社稷为右为尊，是据外神在国中者，故社稷为尊。《祭义》注云“周尚左”者，是据内神而言。二者所据不同，故注亦不同。又，《春官·司服》“王之吉服，祀昊天、上帝，则服大裘而冕，祀五帝亦如之。享先王，则衮冕。享先公、飨、射，则鷩冕。祀四望、山川，则毳冕。祭社稷、五祀，则希冕。祭群小祀，则玄冕”，郑注云：“六服同冕者，首饰

---

① (汉)郑玄注，(唐)贾公彦疏，彭林整理《周礼注疏》，上海古籍出版社，2010年，第698页。

尊也。先公，谓后稷之后，大王之前，不窋至诸盩。”贾疏云：

云“诸公谓后稷之后，大王之前，不窋至诸盩”者，但后稷虽是公，不谥为王，要是周之始祖，感神灵而生，文武之功，因之而就，故特尊之与先王同，是以《尚书·武成》云，“先王建邦启土”。尊之亦谓之先王也。是以郑云后稷之后，大王之前，不数后稷。不窋，后稷子；诸盩，大王父。二者之间，并为先公矣。《周本纪》云：“后稷卒，子不窋立。不窋卒，子鞠立。鞠卒，子公刘立。卒，子庆节立。卒，子皇仆立。卒，子差弗立。卒，子毁榆立。卒，子公非立。卒，子高圉立。卒，子亚圉立。卒，子公祖类立。卒，子古公亶父立。”古公亶父，则大王亶父也。公祖类，即绀，亦曰诸盩也。大祫于大祖后稷庙中，尸服衮冕，王服亦衮冕也。案《中庸》注云：“先公，组绀以上至后稷。”《天保》诗注“先公，谓后稷至诸盩”。《天作》诗注云：“先公，谓诸盩至不窋。”经皆云先公，注或言后稷，或不言后稷者，《中庸》云：“周公成文武之德，追王大王、王季，上祀先公以天子之礼。”后稷既不追王，故注先公中有后稷也。《天保》诗云“禴祠烝尝”，是四时常祭，故注先公中有后稷。《天作》诗是祫之祭礼，在后稷庙中，不嫌不及后稷，故注不言后稷。各有所据，故注不同也。[①]

---

① （汉）郑玄注，（唐）贾公彦疏，彭林整理《周礼注疏》，上海古籍出版社，2010年，第792页。

关于“先公”所指，诸经郑注所言不同。本经郑注谓“先公，谓后稷之后，大王之前，不窋至诸盩”，即从“不窋”至“诸盩”皆谓先公。《诗经·天作》郑注亦谓“先公，谓诸盩至不窋”，两经、注观点一致。而《礼记·中庸》郑注云“先公，组绀以上至后稷”，先公谓组绀至后稷。组绀即诸盩，后稷为“不窋”父。《诗经·天保》郑注亦云“先公，谓后稷至诸盩”，与《中庸》注观点相同。先公是否包括后稷是分歧所在。贾氏认为，《天作》诗是大祫之祭，在后稷庙中，谓先公不含后稷亦可。而《天保》诗是四时常祭之礼，故注先公中有后稷。《中庸》云，周公欲成文、武之德，故“上祀先公以天子之礼”，而后稷并未追认为王，故郑注先公中有后稷。本经郑注认为，后稷是周之始祖，特尊之与先王同，故先公里不算后稷。

## 二、融会参证

贾疏训诂经、注，并非孤立地解释，而是善于融会贯通。一方面，其以本经证本经；另一方面，亦引他经相互参证，以下分别论之。

### （一）引本经参证

《地官·鼓人》“掌教六鼓四金之音声，以节声乐，以和军旅，以正田役”，贾疏云：

言掌教者，必教他官。案：《视瞭职》发言云：“掌凡乐

> 事，播鼗，击颂磬、笙磬。"下又云："掌大师之县鼜，恺献亦如之。"虽不云击鼓，上下文参之，其五鼓是视瞭击之，则此所教者，当教视瞭也。其晋鼓，当教镈师，故其职云"掌金奏之鼓"。此下文云"以晋鼓鼓金奏"，故彼郑注云："主击晋鼓。"是也。①

贾氏引《视瞭》文，明雷鼓、灵鼓、路鼓、鼖鼓、鼜鼓是由视瞭击之，晋鼓由镈师击之。《鼓人》所教六鼓，即此二官所掌之六鼓也。又，《春官·鬯人》"掌共秬鬯而饰之"，郑注："秬鬯，不和郁者。饰之，谓设巾。"贾疏云：

> 郑知饰之谓设巾者，此上下虽无设巾之事，案：《幂人》云："以疏布巾幂八尊，以画布巾幂六彝。凡王巾皆黼。"凡尊皆有巾幂，明秬鬯之酒尊，亦设巾可知。故知所饰者，设巾也。②

郑注云，饰秬鬯谓设巾幂。贾疏援引《幂人》证之云："以疏布巾幂八尊，以画布巾幂六彝。凡王巾皆黼。"疏布、画布皆巾属，八尊、六彝皆酒器。即以疏布覆八尊，以画布覆六彝。

### （二）引他经参证

《秋官·司刺》"壹赦曰幼弱，再赦曰老旄，三赦曰蠢愚"，郑

---

① （汉）郑玄注，（唐）贾公彦疏，彭林整理《周礼注疏》，上海古籍出版社，2010年，第443—444页。

② 同上，第735页。

注云:“蠢愚,生而痴骏童昏者。郑司农云:‘幼弱、老旄,若今时律令年未满八岁,八十以上,非手杀人,他皆不坐。’”贾疏云:

先郑云“幼弱、老旄,若今时律令年未满八岁,八十以上,非手杀人,他皆不坐”者,案:《曲礼》云:“八十九十曰耄,七年曰悼,悼与耄,虽有罪,不加刑焉。”与此先郑义合。彼亦谓非手杀人,他皆不坐也。[①]

贾氏释先郑“幼弱、老旄,若今时律令年未满八岁,八十以上,非手杀人,他皆不坐”者,引《曲礼》相参证,明幼弱、老耄虽有罪,不加刑。又,《春官·大祝》“辨九拜,一曰稽首,二曰顿首,三曰空首,四曰振动,五曰吉拜,六曰凶拜,七曰奇拜,八曰褒拜,九曰肃拜,以享右祭祀”,贾疏云:

此九拜之中,四种是正拜,五者逐事生名,还依四种正拜而为之也。一曰稽首,二曰顿首,三曰空首,此三者相因而为之。空首者,先以两手拱至地,乃头至手,是为空首也。以其头不至地,故名空首。顿首者,为空首之时引头至地,首顿地即举,故名顿首。一曰稽首,其稽,稽留之字,头至地多时,则为稽首也。此三者,正拜也。稽首,拜中最重,臣拜君之拜。二曰顿首者,平敌自相拜之拜。三曰空

① (汉)郑玄注,(唐)贾公彦疏,彭林整理《周礼注疏》,上海古籍出版社,2010年,第1383页。

> 首拜者，君答臣下拜。知义然者，案：哀十七年，公会齐侯盟于蒙，孟武伯相。齐侯稽首，公则拜。齐人怒。武伯曰："非天子，寡君无所稽首。"公如晋，孟献子相。公稽首。知武子曰："天子在，而君辱稽首，寡君惧矣。"孟献子曰："以敝邑介在东表，密迩仇雠，寡君将君是望，敢不稽首。"《郊特牲》曰："大夫之臣不稽首，非尊家臣，以避君也。"如是相礼，诸侯于天子，臣于君，稽首，礼之正。然诸相于大夫之臣，及凡自敌者，皆当从顿首之拜也。如是差之，君拜臣下，当从空首拜，其有敬事亦稽首，故《大誓》云"周公曰：都懋哉，子闻古先哲王之格言以下，大子发拜手稽首"，是其君于臣稽首事。《洛诰》云"周公拜手稽首，朕复子明辟。成王拜手稽首，公不敢不敬天之休"者，此即两相尊敬，故皆稽首。①

贾疏首先从字面训诂三种"正拜"，谓："空首者，先以两手拱至地，乃头至手，是为空首也。以其头不至地，故名空首。顿首者，为空首之时引头至地，首顿地即举，故名顿首。一曰稽首，其稽，稽留之字，头至地多时，则为稽首也。"又谓："稽首，拜中最重，臣拜君之拜。二曰顿首者，平敌自相拜之拜。三曰空首拜者，君答臣下拜。"接着，为佐证自己的观点，贾氏首先援引《左传》"齐侯向鲁哀公稽首"之事，明臣向非天子稽首，非礼也，

① （汉）郑玄注，（唐）贾公彦疏，彭林整理《周礼注疏》，上海古籍出版社，2010 年，第 962—963 页。

引鲁哀公向晋侯稽首之事，明君上拜臣下，当行空首礼，若拜其有敬事，亦稽首。援引《礼记·郊特牲》“大夫之臣不稽首”，明大夫之臣间，以及地位相匹者行顿首礼。引《尚书》周武王拜手稽首以及周公拜手稽首于成王，成王亦行稽首之礼于周公，证若有敬事，君上向臣下亦行稽首之事。

## 三、引录异说

贾疏于训释中引录异说，一方面是为维护郑注而予以批驳；另一方面，异说并非全无道理，贾氏存录异说以备参考。

### （一）引异说批驳之

《天官·玉府》“凡王之献金玉、兵器、文织、良货贿之物，受而藏之”，郑注云：“谓百工为王所作，可以献遗诸侯。古者致物于人，尊之则曰献，通行曰馈。”贾疏云：

> 云“古者致物于人，尊之则曰献”者，若正法，上于下曰赐，下于上曰献。若尊敬前人，虽上于下亦曰献，是以天子于诸侯云献。案：《月令》“后妃献茧”，郑注：“谓献于后妃。”知此“王之献金玉”非是献金玉于王者。案下《内府职》，“凡四方之币献之金玉”，彼是诸侯献王，入内府藏之，不得在此，故知金玉是献遗诸侯者也。况诸侯中，兼有二王之后。二王之后，王所尊敬，自然称献也。若王肃之义，取《家语》曰：“吾闻之，君取于臣曰取，与于臣曰赐；臣取于

君曰假，与于君谓之献。"以此难郑君。郑君弟子马昭之等难王肃："《礼记》曰'尸饮五，君洗玉爵献卿'，况诸侯之中，有二王之后，何得不云献也？"①

郑注谓，君上对臣下曰赐，臣下对君上曰献。若有尊敬之意，君上对臣下亦可称献，故云"献遗诸侯"。但王肃据《孔子家语》云"臣取于君曰假，与于君谓之献"，只有卑者对尊者，如臣下敬奉君王才能称"献"。郑玄弟子马昭据《礼记》"君献卿"以玉爵，以及"诸侯之中，有二王之后"当为天子所尊之说，以驳王护郑。贾氏显然是站在郑玄及马昭一边而对王肃说持否定态度的。又，《春官·守祧》"掌守先王先公之庙祧，其遗衣服藏焉"，郑注云："庙，谓大祖之庙及三昭三穆。迁主所藏曰祧。先公之迁主，藏于后稷之庙。先王之迁主，藏于文武之庙。"贾疏云：

云"先王之迁主，藏于文武之庙"者，当周公制礼之时，文武本亲庙四之内，未毁，不得为祧。然文武虽未为祧，已立其庙，至后子孙，文武应迁而不迁，乃为祧也。其立庙之法，后稷庙在中央，当昭者处东，当穆者处西，皆别为宫院者也。

案：孔君、王肃之义，二祧乃是高祖之父、高祖之祖，与亲庙四，皆次第而迁，文武为祖宗不毁矣。郑不然者，以其

① （汉）郑玄注，（唐）贾公彦疏，彭林整理《周礼注疏》，上海古籍出版社，2010 年，第 214—215 页。

守祧有奄八人，守七庙，并姜嫄庙，则足矣。若益二祧，则十庙矣，奄八人何以配之，明其义非也。[1]

依郑义，周公制礼时，文王、武王尚在亲庙昭穆四庙之内，故不得为祧。至后世，文、武因功德至伟而为二祧，各立昭祧庙与穆祧庙。而孔安国、王肃则认为二祧当指高祖之父、高祖之祖，且要依次迁庙。贾氏认同郑注之说，其实就是认为孔、王二君"二祧乃是高祖之父、高祖之祖"的说法为非。

### （二）引异说对照之

《春官·冢人》"以爵等为丘封之度与其树数"，郑注云："别尊卑也。王公曰丘，诸臣曰封。《汉律》曰：'列侯坟高四丈，关内侯以下至庶人各有差。'"贾疏云：

郑引《汉律》者，《周礼》丘封高下树木之数无文，以汉法况之也。若然，案《春秋纬》云："天子坟高三仞，树以松。诸侯半之，树以柏。大夫八尺，树以药草。士四尺，树以槐。庶人无坟，树以杨柳。"郑不引之者，以《春秋纬》或说异代，多与《周礼》乖，故不引，或郑所不见也。《王制》云"庶人不封不树"，而《春秋纬》云"庶人树以杨柳"者，以庶人礼所不制，故树杨柳也。[2]

---

① （汉）郑玄注，（唐）贾公彦疏，彭林整理《周礼注疏》，上海古籍出版社，2010年，第810页。

② 同上，第820页。

此经郑注援引《汉律》证周时坟丘之度以及树木之数，谓："列侯坟高四丈，关内侯以下至庶人各有差。"贾氏认为郑注仍不够详明，故引《春秋纬》之内容说明天子、诸侯、大夫、士及庶人坟丘大小及所树之数。但贾氏清楚，《春秋纬》为异代法，多与《周礼》不合。姑且引之，权备一说。又，《春官·序官》"典同，中士二人，府一人，史一人，胥二人，徒二十人"，郑注云："同，阴律也。不以阳律名官者，因其先言耳。《书》曰：'协时月，正日，同律度量衡。'《大师职》曰：'执同律以听军声。'" 贾疏云：

> "同，阴律也"者，对律而为阳律也。云"不以阳律名官"者，谓其官不名"典律"，而云"典同"也。云"因其先言耳"者，谓诸文皆先云同、后云律，若阴阳亦先云阴之类，故以同名官也。引"《书》曰"者，《尧典》之篇。彼据舜之巡守于方岳之下，命史官协时月者。协，合也，谓合四时节气之早晚，及月之大小定分。云"正日，同律度量衡"者，谓正定日之甲乙、阴同阳律之长短，及正度之丈尺、量之斗斛、衡之斤两，六者皆正定之，使依法。又引《大师职》曰"执同律以听军声"者，所引之文，皆证同在律上之义。若然，无取于时月日及度量衡，连文引之耳。案：孔注《尚书》"律为法制当齐同之"，则同不为阴律，与郑义别也。[①]

① (汉)郑玄注，(唐)贾公彦疏，彭林整理《周礼注疏》，上海古籍出版社，2010年，第632页。

郑注认为“同，阴律也”，律谓阳律也。引《尚书》及《春官·大师》明诸文皆先言阴同后言阳律。然贾氏所引《尚书》孔安国之注，则认为“同不为阴律”，与郑义相悖。此亦贾疏存异说以供参考也。

## 第三节 《周礼疏》训释之内容

贾疏依注说经，经、注兼释，其目的在于阐明经、注之旨。然欲得经、注之旨，必须经由各种途径的训释。贾疏训释的项目主要有：总结经、注之例，推阐经、注之意，对注文的补充与订正，总结训诂方法等。其中训诂方法因牵涉较广，另立一章论述。

### 一、总结经、注之例

黄侃《礼学略说》论条例之于礼学重要性时说：“然则治礼者，舍深藏名号，何所首务乎？求条例，奈何？发凡言例，本《礼经》之旧法。”[①]又云：“是故礼例不明，则如治丝而棼，入山而迷涂。礼例明，则其经纬、涂径，固井井不乱也。”[②]郑玄亦了解到条例的重要，注经时屡屡发凡起例。贾氏深明郑注，对其发凡

① 洪治纲主编《黄侃经典文存》，上海大学出版社，2008 年，第 275 页。

② 同上，第 282 页。

起例处皆能一一揭示、总结。同时，贾氏又能将此法运用到分析经文及郑注上。具体来说，主要包括总结经、注之体例，总结经、注之义例，辨明经、注无义例处三方面。

### （一）总结经、注之体例

贾疏主要是从叙述特点以及字词训诂的角度总结经、注之体例，兹举数例：

1. 凡六官序官之法，其义有二：一则以义类相从，谓若宫正、宫伯，同主宫中事。膳夫、庖人、外内饔，同主造食。如此之类，皆是类聚群分，故连类序之。二则凡次序六十官，不以官之尊卑为先后，皆以缓急为次弟，故此宫正之弟士官为前，内宰等大夫官为后也。（《天官·序官》）

2.《周礼》之内，宗伯之类，诸言“伯”者，伯，长也，以尊长为名。县师之类言“师”者，皆取可师法也。诸称“人”者，若轮人、车人、腊人、鳖人之类，即冬官郑云“其曰某人者，以其事名官”。言“氏”者有二种，谓若桃氏为剑、筑氏为削之类，郑注冬官“族有世业，以氏名官”。若冯相氏、保章氏、师氏、保氏之类，郑注引《春秋》“官有世功，则有官族”是也。诸称“司”，若司裘、司市之类，言司者，皆是专任其事，事由于己，故以司言之也。诸典妇功、典丝、典枲之类，言“典”者，出入由己，课彼作人，故谓之为典也。诸称“职”者，谓若职币、职内、职岁，财不久停，职之而已。（《天官·序官》）

3. 凡云“掌”者有三义：一者，他官供物，己则暂掌之而已，若幕人供帷幕幄帟，掌次张之也；二则掌征敛之官，若掌皮、掌染草之类是也；三者，掌非己所为，则掌节、掌固、掌疆，本非已造，废坏修之而已也。自外不称“典”“司”“职”“掌”者，皆是逐事立名，以义铨之可晓也。（《天官·序官》）

4. 凡庐有四义：十里有庐，一也；中田有庐，二也；《易·剥》之上九云“君子得舆，小人剥庐”，注云“小人傲狠，当剥彻庐舍而去”，三也；《公刘》诗云“于时庐旅”，郑云“庐舍安民，馆舍施教令”，四也。（《地官·遗人》）

5.《周礼》凡言正岁者，则夏之建寅正月；直言正月者，则周之建子正月也。（《地官·大司徒》）

6. 凡言岁时者，皆是四时。（《地官·鄙师》）

7. 凡言盟者，盟将来。诅者，诅往过。（《春官·序官》）

8. 凡言“翟”者，皆谓翟鸟之羽，以为两旁之蔽。（《春官·巾车》）

9.《周礼》之内直言岁终者，皆是周之岁终也。（《地官·州长》）

10.《周礼》体例，单言国者皆据王国，邦国连言者皆据诸侯。（《春官·诅祝》）

11.《周礼》一部之内，称嶽者众多，故书皆为淫，先郑皆为陈，后郑皆破从兴，兴谓兴象生时之物而作之。（《天官·司裘》）

12.《周礼》之内云“比”者，后郑皆为校比，先郑皆为庀。(《地官·遂师》)

13.《周礼》先郑皆读衅为徽，徽取饰义。(《春官·天府》)

14.《周礼》《礼记》多为“舍”字，郑读皆为“释”。(《春官·甸祝》)

15.《周礼》上下，但言为“弛舍”者，皆经为施字，郑皆破从弛。(《地官·小司徒》)

## (二) 总结经、注之义例

在义例方面，主要是总结经、注之礼例，兹举数例：

1. 凡祭祀，谓于祭前之夕为期，今言前期十日者，明祭前十一日卜，卜之后日遂戒，使散齐、致齐。(《天官·大宰》)

2. 凡六冕之服，皆玄上纁下，故云以为祭服。(《天官·染人》)

3. 凡言士者，无问天子士、诸侯士，例皆爵弁以助祭也。(《春官·大宗伯》)

4. 凡宗庙之祭，迎尸入户，坐于主北。先灌，谓王以圭瓒酌郁鬯以献尸，尸得之，沥地祭讫，啐之，奠之，不饮。(《春官·大宗伯》)

5. 凡祭祀，皆先荐后彻。(《春官·大宗伯》)

6. 凡待宾客之礼，飨食在庙，其器不用匪瓮。（《地官·肆师》）

7. 凡带有二者。大带，大夫已上用素，士用练，即绅也。又有革带，所以佩玉之等。（《春官·典瑞》）

8. 凡射有三番，又天子六耦，畿内诸侯四耦，畿外诸侯三耦。前番直六耦三耦等射，所以诱射故也。第二番六耦与众耦俱射，第三番又兼作乐。（《春官·乐师》）

9. 凡舞夷乐，皆门外为之。（《春官·韎师》）

10. 凡军有三种：或以俘囚为军实，或以戈盾弓矢为军实，或以禽牲为军实。（《夏官·大司马》）

11. 凡祭祀，周人尚右，故右胖皆祭，故以左胖致人。（《夏官·祭仆》）

12. 凡盟，先割牛耳，盛于珠盘，以玉敦盛血，戎右执此敦血为陈其盟约之辞，使心开辟，乃歃之。（《夏官·戎右》）

13. 凡祭祀之法，先逆牲，后隋衅。（《春官·大祝》）

14. 凡出军之法，先六乡；赋不止，次出六遂；赋犹不止，征兵于公邑及三等采；赋犹不止，乃征兵于诸侯，大国三军，次国二军，小国一军，此军等皆出于乡遂；赋犹不止，则诸侯有遍境出之法，则千乘之赋是也。（《地官·小司徒》）

15. 凡屦舄，皆有絇繶纯三者相将。（《天官·屦人》）

16. 凡敷席之法，初在地者一重，即谓之筵；重在上

者,即谓之席。(《春官·司几筵》)

17. 凡大飨有三:案《礼器》云“郊血大飨腥”,郑云“大飨,祫祭先王”,一也。彼又云“大飨,尚腶脩”,谓飨诸侯来朝者,二也。《曲礼下》云“大飨不问卜”,谓总飨五帝于明堂,三也。(《春官·大司乐》)

18.《三礼》通例,所言画者,解画皆以为画云气,谓画为五色之云。(《天官·幂人》)

19. 礼之通例,凡言疏布者,皆据大功布而言。(《春官·巾车》)

20. 礼之通例,素有二种。其义有色饰者,以素为白土,义有以缯为饰者,即以素为缯。(《春官·巾车》)

21. 上摈入受命,出请事,传辞与承摈,承摈传与末摈,末摈传与末介,末介传与承介,承介传与上介,上介传与宾,宾又传与上介,上介传与承介,承介传与末介,末介传与末摈,末摈传与承摈,承摈传与上摈,上摈入告君。如是者三,谓之交摈三辞。诸交摈者,例皆如此也。(《秋官·司仪》)

22. 祭肺有二种:一者名为举肺,亦名离肺,此为食而有也。二者名为祭肺,亦名刌肺,此为祭而有也。(《天官·膳夫》)

23. 陈鼎有二处,初陈鼎于镬西,后陈鼎于阼阶下,其俎皆陈于鼎西南。(《天官·内饔》)

24. 今言实者有两处:一者,取于镬,实于鼎,据在镬

所;二者,取于鼎,实于俎。(《天官·内饔》)

常例之外,尚有变例。变例亦是经、注例之一种。兹举数例:

1. 凡丧,未葬已前,无问朝夕奠及大奠,皆无荐羞之法。今言共丧纪庶羞者,谓虞祔之祭乃有之。(《天官·庖人》)

2. 凡五服之绖皆两股绞之。今言环绖,即与绞绖有异矣。谓以麻为体,又以一股麻为体,纠而横缠之,如环然,故谓之环绖,加于素弁之上,故言加环绖也。(《春官·司服》)

3. 凡祭祀之法,先逆牲,后隋衅。今隋衅在前,逆牲在后者,以其鼎在门外,荐血后乃有爓孰之事,逆鼎而入,故云容鼎。(《春官·大祝》)

4. 六乡、六遂与公邑三处皆为沟洫法,三等采地乃为井田。今此六遂之中,郑云"一井之中出九夫之税粟",以为井田,与例违者,但乡遂之中虽为沟洫法,及其出税,亦为井田税之。(《地官·旅师》)

5. 案《特牲》《少牢》,主人受酢之时未设席,夫妇致爵乃设席。今王于受酢即设席者,优至尊,与大夫士礼异。(《春官·司几筵》)

**（三）辨明经、注无义例处**

前文贾氏一一指出经、注发凡起例及变例之处。然而经、注中尚有一些看似义例实则“无义例”者，贾氏亦逐一为之辨明。例如：

1. 云“天子以玉”者，此云含玉，《玉府》《典瑞》皆直云玉，无异物之称，对大夫已下不用玉，其实亦为璧形。故引《杂记》，复引先郑为璧琮之形也。但含玉始死用之，赠玉于葬乃用。此文后云含玉者，用之则有先后，此作文先后，无义例。（《天官·大宰》）

2. 云“或言王后，或言后，通耳”者，以此经及上经皆云王后，下文则皆云后，郑恐人以为别有义意，故云通耳，无义例也。（《天官·内小臣》）

3. 此案大司徒、小司徒主六乡，皆云民，不言氓。此变民言氓者，直是异外内而已，无义例。（《地官·遂人》）

4. 郑必读而为若者，所聚之粟，民有艰厄乃用之，无则贮待凶年。则“若”为不定之辞，其“而”字无义例，故郑转为若也。（《地官·旅师》）

5. 云“莤、夷，长短名”“莤近夷长矣”，按上注以莤夷为发声，则无义例。至此而言长短名，为义解之者。郑意虽是发声，夷为长，故开口引声而言之；莤为短，故合口促声而言之也。（《考工记·庐人》）

## 二、推阐经、注之意

### (一) 推经文之意

对于《周礼》经文,郑氏并非句句出注,而是选择其认为有必要者进行训释。对于郑氏省注之经文,贾氏亦能一一训释,且常有精到的发挥。例如,《天官·醢人》"宾客之礼,共醢五十瓮",郑注云:"致饔饩时。"贾疏云:

> 宾客,谓五等诸侯来朝也。天子致瓮饩,与之醢,故郑云致饔饩时也。案《掌客》,上公之礼,醯醢百有二十瓮,侯伯百瓮,子男八十瓮。此共醢五十瓮,并醯人所共醯五十瓮,共为百瓮。此据侯伯饔饩之礼,举中言之,明兼有上公与子男。若然,上公百二十瓮,与王数同者,据二王之后,王所尊敬者而言。其同姓诸侯,唯鲁得与二王后同,其余同姓,虽车服如上公,从侯伯百瓮而已。又案《掌客》,上公已下,并是诸侯自相待法,天子待诸侯,亦与之同。又案:《聘礼》待聘臣,亦云醯醢百瓮,得与诸侯同者,彼别为臣礼,礼有损之而益,故子男之卿百瓮,其数多于君。[①]

此经天子待五等诸侯之醢为五十瓮,贾氏据《掌客》,谓上公之

① (汉)郑玄注,(唐)贾公彦疏,彭林整理《周礼注疏》,上海古籍出版社,2010年,第193页。

礼，醯醢百有二十瓮，侯伯百瓮，子男八十瓮。《掌客》所言是醯、醢合计之数，二分之，便是六十、五十、四十瓮，此经五十瓮对应的则为侯伯饔饩之礼。诸侯中仅二王之后及鲁侯得与天子醢数相同，其余同姓诸侯皆与侯伯一样，即百瓮也。又引《聘礼》"待聘臣，亦云醯醢百瓮"，辨析其为臣礼，与天子礼有别。又，《天官·笾人》"馈食之笾，其实枣、栗、桃、干橑、榛实"，贾疏云：

> 此谓朝践荐腥后，堂上更体其犬豕牛羊，烹孰之时，后先，谓之馈食之笾也。其八笾者，其实枣一也，栗二也，桃三也，干橑谓干梅，四也，榛实五也。其于八笾，仍少三。案干橑既为干梅，经中桃是湿桃，既有湿桃、干梅，明别有干桃，则注引《内则》桃诸，郑云是其干者。既有湿桃，明有湿梅可知。以干桃湿梅二者，添五者为七笾。案桃梅既并有干湿，则枣中亦宜有干湿，复取一，添前为八也。必知此五者之中有八者，案《仪礼·特牲》《少牢》，士二笾二豆，大夫四笾四豆，诸侯宜六，天子宜八。《醢人》馈食之豆有八，此馈食之笾言六，不类。又上文朝事之笾言八，下加笾亦八，岂此馈食在其中六乎？数事不可，故以义参之为八。若不如此，任贤者裁之也。[1]

此经言馈食之笾，只有枣、栗、桃、干橑、榛实五种。贾氏认为，

---

① (汉)郑玄注，(唐)贾公彦疏，彭林整理《周礼注疏》，上海古籍出版社，2010年，第180页。

上文朝事之笾有八种，下文加笾之实也有八种，馈食之笾处于二者之间，却只有五种，于理不合。故引《仪礼・特牲》《少牢》，谓士二笾二豆，大夫四笾四豆，诸侯宜六，天子宜八。明此馈食之笾亦应有八种。

### （二）推注文之意

郑注之义，有浅近易晓者，亦有隐而未显者。对于后者，贾疏较好地进行了推阐申发，使注义之奥旨得以显扬，主要体现在名物及制度两个方面。如《春官・大宗伯》“以脤膰之礼，亲兄弟之国”，郑注云：“脤膰，社稷宗庙之肉。”贾疏申而论之云：

> 郑总云脤膰社稷宗庙之肉，分而言之，则脤是社稷之肉，膰是宗庙之肉。是以成十三年：“公及诸侯朝王，遂从刘康公、成肃公会晋侯伐秦。成子受脤于社，不敬。”注云：“脤，宜社之肉也。盛以蜃器，故曰脤。”刘子曰：“国之大事，在祀与戎。祀有执膰，戎有受脤。”注云：“膰，祭肉。”又案：《异义》左氏说：“脤，社祭之肉，盛之以蜃。宗庙之肉名曰膰。”以此言之，则宗庙之肉曰膰，社稷之肉曰脤之验也。而《公羊》《穀梁》皆云“生居俎上曰脤，熟居俎上曰膰”，非郑义耳。对文脤为社稷肉，膰为宗庙肉，其实宗庙社稷，器皆饰用蜃蛤，故《掌蜃》云“祭祀，共蜃器之蜃”。注云：“饰祭器。”是其祭器皆饰以蜃也。[①]

① （汉）郑玄注，（唐）贾公彦疏，彭林整理《周礼注疏》，上海古籍出版社，2010年，第673页。

郑注释“脤膰”,只一句“社稷宗庙之肉”,贾公彦申说郑注甚为明晰。先是分别引《左传》杜注、《异义》左氏说证“宗庙之肉曰膰,社稷之肉曰脤”所言不诬;接着辨正《公羊》《穀梁》所谓“生居俎上曰脤,熟居俎上曰膰”非郑义;最后,总结脤膰对文则别,散文则通。

以上属以名物训诂申郑,贾氏最擅长的还是以制度申郑。如,《春官·司服》云:“卿大夫之服,自玄冕而下如孤之服……士之服,自皮弁而下如大夫之服。”郑注云:“大夫爵弁自祭家庙,唯孤尔,其余皆玄冠,与士同。”贾疏云:

> 诸侯除孤用爵弁之外,卿大夫祭皆用玄冠,与士同,故《少牢》是上大夫祭,用玄冠朝服,《特牲》是士礼,用玄冠玄端,是其余皆玄冠,与士同也。其天子大夫四命,与诸侯之孤同,亦以爵弁自祭。天子之士,宜与诸侯上大夫同用朝服也。①

贾疏谓在诸侯国中,唯有其孤卿与天子之大夫爵命相同,故二者皆以爵弁自祭。至于诸侯国中之卿大夫与士,贾疏引《少牢》证卿大夫为玄冠朝服,引《特牲》证士为玄冠玄端,此二者异服但同冠,故云“其余皆玄冠”。贾疏申郑明晰详尽。又,《春官·大司乐》“凡乐,圜钟为宫,黄钟为角,大蔟为徵,姑洗为羽,靁鼓

① (汉)郑玄注,(唐)贾公彦疏,彭林整理《周礼注疏》,上海古籍出版社,2010年,第806页。

靁鼗，孤竹之管，云和之琴瑟，《云门》之舞，冬日至，于地上之圜丘奏之，若乐六变，则天神皆降，可得而礼矣。凡乐，函钟为宫，大蔟为角，姑洗为徵，南吕为羽，灵鼓灵鼗，孙竹之管，空桑之琴瑟，《咸池》之舞，夏日至，于泽中之方丘奏之，若乐八变，则地示皆出，可得而礼矣。凡乐，黄钟为宫，大吕为角，大蔟为徵，应钟为羽，路鼓路鼗，阴竹之管，龙门之琴瑟，《九德》之歌，《九磬》之舞，于宗庙之中奏之，若乐九变，则人鬼可得而礼矣”，郑注云：“此三者，皆禘大祭也。天神则主北辰，地祇则主昆仑，人鬼则主后稷。先奏是乐以致其神，礼之以玉而祼焉，乃后合乐而祭之。”贾疏云：

> 云“礼之以玉而祼焉，乃后合乐而祭之”者，云礼之以玉，据天地，而祼焉，据宗庙。以《小宰》注“天地大神，至尊不祼”。又《玉人》《典瑞》《宗伯》等不见有宗庙礼神之玉，是以知礼之以玉据天地，则“苍璧礼天，黄琮礼地”是也。而祼焉据宗庙，肆献祼是也。①

贾疏据《小宰》注“天地大神，至尊不祼”，以及《玉人》《典瑞》《宗伯》等不见有宗庙礼神之玉，认为祭祀天地之神皆无祼，故当以玉礼天神与地祇。又据“肆献祼享先王”，明祼祭据宗庙也。郑注一句“礼之以玉而祼焉”，贾疏能够辨析得如此清楚，可谓深

---

① （汉）郑玄注，（唐）贾公彦疏，彭林整理《周礼注疏》，上海古籍出版社，2010年，第847—848页。

明郑义。又,《天官・大宰》"祀五帝,则掌百官之誓戒,与其具脩",郑注云:"祀五帝谓四郊及明堂。"贾疏云:

> 五帝者,东方青帝灵威仰,南方赤帝赤熛怒,中央黄帝含枢纽,西方白帝白招拒,北方黑帝汁光纪。依《月令》,四时迎气,及季夏六月迎土气于南郊,其余四帝各于其郊,并夏正祭所感帝于南郊,故云祀五帝于四郊也。郑云"及明堂"者,总飨五帝于明堂。依《月令》,秦用季秋。郑云"未知周以何月"。案:《下曲礼》云"大飨不问卜",郑云:"祭五帝于明堂,莫适卜也。"彼明堂不卜,此下经云"帅执事而卜日",则此祀五帝,不合有明堂。郑云及明堂者,广解祀五帝之处,其实此处无明堂。[①]

关于"祀五帝",郑注只有一句"谓四郊及明堂",不可谓不简洁。贾氏则据《月令》谓:四时迎气谓立春、立夏、立秋、立冬四时分别祭祀青帝、赤帝、白帝、黑帝于东南西北四郊,再加上季夏六月祭祀黄帝于南郊,合为四时祀五帝。此外,夏历正月祭所感帝(据《春秋纬・元命苞》,周为青帝之子)亦于南郊进行,而其余四帝亦同时配享,故郑云"祀五帝于四郊"。贾说深得郑注之旨。

---

① (汉)郑玄注,(唐)贾公彦疏,彭林整理《周礼注疏》,上海古籍出版社,2010年,第62页。

## 三、对注文的补充与订正

### （一）补充郑义

《周礼》体大思精，博通如郑玄者，注经亦不能面面俱到，详赡赅备。若注义未足时，贾疏便在其基础上予以补充，使经、注之义愈明。《夏官·小司马》“凡有功者，铭书于王之大常，祭于大烝，司勋诏之”，郑注云：“诏，谓告其神以辞也。盘庚告其卿大夫曰‘兹予大享于先王，尔祖其从与享之’是也。今汉祭功臣于庙庭。”贾疏云：

> 使司勋诏之者，以其司勋知功之有无大小故也。诏之，谓诏司常书之，又以辞使春官告神。[①]

郑注云“诏，谓告其神以辞”，贾疏申此注云“以辞使春官告神”，则“诏”为使春官告神。贾疏又云“诏之，谓诏司常书之”，则“诏”又兼诏告司常书之。依贾说，则经之“诏”兼含二事。然郑注只言及一事，则贾疏足以补充郑义。又，《秋官·司仪》云“诸公之臣相为国客，则三积，皆三辞拜受”，郑注云：“侯伯之臣不致积。”贾疏云：

① （汉）郑玄注，（唐）贾公彦疏，彭林整理《周礼注疏》，上海古籍出版社，2010 年，第 1147 页。

知"侯伯之臣不致积"者，案《聘礼》以五介，又张旜，是侯伯之卿聘使者。经不云积，明侯伯之臣不致积可知。但不以束帛行礼致之，岂于道全无积乎，明有也。①

此经谓诸公之臣为宾，致三积。侯伯以下之臣为宾未提及，故郑注云"侯伯之臣不致积"。贾氏认为，经不云积，只是表明侯伯之臣为宾无需束帛行迎待之礼，但道途粮草之慰劳不应该省略。郑注之义，于情理难通。贾氏此说足以补充郑义。

有时，注文无释，贾氏便以己说补之。例如，《地官·牛人》云"飨食、宾射，共其膳羞之牛"，郑注云："羞，进也，所进宾之膳。《燕礼》，小臣请执幂者与羞膳者，至献宾而膳宰设折俎。王之膳羞亦犹此。"贾疏云：

飨者，亨大牢以饮宾，献依命数。食者，亦亨大牢以食，食礼九举、七举、五举，亦依命数，无酒献酬耳。皆在于庙以速宾。射者，谓大射，及与宾客射于朝。天子诸侯射，先行燕礼，皆有殽俎，故有牛也。②

经文云"飨食、宾射"皆供牛俎，贾疏谓"射者，谓大射，及与宾客射于朝。天子诸侯射，先行燕礼，皆有殽俎，故有牛也"。此经

① (汉)郑玄注，(唐)贾公彦疏，彭林整理《周礼注疏》，上海古籍出版社，2010年，第1482—1483页。

② 同上，第456页。

虽仅言宾射，实则还应包括大射。大射与宾射前皆须行燕礼，燕飨之礼皆有殽俎，有殽俎必有牛俎。然郑注只训释了“膳羞”之义，以及进膳羞之程序，于射礼牛俎之说无文。贾氏此说足补郑义。

**（二）订正郑义**

贾氏谨守“疏不破注”之规，竭力维护郑注之权威。然而，那只是从整体上而言，有时贾疏也会指出郑注之失。如：《天官·醢人》“掌四豆之实。朝事之豆，其实韭菹、醓醢，昌本、麋臡，菁菹、鹿臡，茆菹、麇臡”，郑注云：“郑司农云：‘麋臡，麋骭髓醢。或曰麋臡，酱也。有骨为臡，无骨为醢。菁菹，韭菹。’郑大夫读茆为茅。茅菹，茅初生。或曰茆，水草。杜子春读茆为卯。玄谓菁，蔓菁也。”贾疏云：

> 又“菁菹，韭菹”者，以菁为韭菁，于义不可，后郑不从。若为菲字，菲则蔓菁，于义为是。后郑不应破之，明本作韭，不作菲也。[①]

先郑云“菁菹，韭菹”，以菁为韭菁。后郑不从，破先郑义谓“菁，蔓菁”。贾氏则认为，如果经文“韭”为“菲”，则菲指的是蔓菁，那么后郑之说成立。但经文明明是韭，不是菲，故郑氏误也。又，《春官·守祧》“既祭，则藏其隋与其服”，郑注云：“郑司农

① （汉）郑玄注，（唐）贾公彦疏，彭林整理《周礼注疏》，上海古籍出版社，2010年，第190页。

云：‘隋，谓神前所沃灌器名。’玄谓隋，尸所祭肺脊黍稷之属。藏之以依神。”贾疏云：

> 玄谓隋尸所祭肺脊黍稷之属者，案《特牲礼》“祝命挼祭，尸取菹，擩于醢，祭于豆间，佐食取黍稷肺祭授尸，尸祭之”。注云：“肺祭，刌肺。”是其隋者。彼不言脊，似误。所以误有脊者，《特牲礼》云：“佐食举肺脊以授尸，尸受振祭，哜之。”是以于此误有脊。但彼是尸食而举者，故有脊，此隋祭不合有也。[1]

引《仪礼·特牲馈食礼》云“祝命挼祭，尸取菹，擩于醢，祭于豆间，佐食取黍稷肺祭授尸，尸祭之”，“注云：‘肺祭，刌肺。’是其隋者”，此处尸祭所取黍稷肺祭并没有提到“脊”。贾氏分析此经郑注释“隋祭”有“脊”，是因为《特牲馈食礼》“佐食举肺脊以授尸，尸受振祭”一句“肺脊”连言，故致误。

虽然贾疏也能补充郑义，甚至还能匡正郑注之失，但这只是吉光片羽，全疏之主体仍在于疏通郑注，补郑与匡郑并非贾氏之主要任务。这一点，与清代孙诒让以朴学精神治《周礼》完全不同。贾疏不求是，但求通。这也是义疏家的宗旨，也即唐“疏不破注”之例的由来。

---

① (汉)郑玄注，(唐)贾公彦疏，彭林整理《周礼注疏》，上海古籍出版社，2010年，第811页。

# 本章小结

贾疏的体式特征如“经、注兼释”“所释经、注标起讫”以及“训释形式”等，内涵特征如“疏通疑义”“融会参证”“引录异说”等基本上承继了前朝旧疏的范式，贾疏并无多少发明。在内容训释方面，贾疏善于总结经、注之条例，使得训释收到了纲举目张之效，但最为可贵的还是推阐经、注（主要是注）之旨，将其中简而不详、隐而不显的奥旨一一抉发出来，甚至能够补充经、注（主要是注）之旨。就这一点来说，贾公彦可谓郑学之功臣。

# 第四章 《周礼疏》训诂方法

贾疏训释经、注，其论考之内容，上文已有所论述。本节拟将论述之训诂方法亦属于上文“论考内容”之一部分，因其牵涉较广、体量较大，故专列此一章探讨。贾疏对经、注之训释，或以对文法释之，或以互见法释之，或以推约法释之，或以唐制况古制释之，或以望文为义释之，不一而足，以下分别进行讨论。

## 第一节 对文

贾疏中经常出现类似“对文则异，散文则通”之语，此乃训诂学的重要方法。“对文”是指意义相近的两个词语在经、注中相对举地出现。与其相对的是“散文”，指两个意义相近的词语的一个在经、注中单独成文，上下文中没有与之相对举的词语。在今所见文献中，率先使用“对文”“散文”者为《五经正义》[1]。例如《诗大序》“声成文谓之音”，孔颖达《毛诗正义》云：“此言

[1] 钟明立《〈五经正义〉的“对文”和“散文”》，《江西师范大学学报(哲学社会科学版)》1999 年第 4 期。

‘声成文谓之音’，则‘声’与‘音’别。《乐记》注：‘杂比曰音’‘单出曰声’……对文则别，散则可以通。”[①]孔氏辨析“声”“音”二词意义异同，使用“对文”“散文”这个术语，把“声成文谓之音”中的“声”“音”看成对文。这即是说“声”“音”在相对使用时意义有区别，即所谓“对文则异”；分别使用时则意义可以相通，即所谓“散文则通”。贾氏亦多处使用此一方法来训释经、注。如，《春官·大宗伯》“以玉作六器，以礼天地四方”，贾疏云：

> 言“作六器”者，此据礼神则曰器，上文人执则曰瑞，对此文义尔。若通而言之，礼神虽不得言瑞，人执者亦曰器，故《聘礼》云：“圭璋璧琮，凡四器者，唯其所宝，以聘可也。”《尚书》亦以五瑞为五器，卒乃复，是其人执亦曰器也。[②]

贾疏谓“上文人执则曰瑞”，指前文《大宗伯》所云“以玉作六瑞，以等邦国。王执镇圭，公执桓圭，侯执信圭，伯执躬圭、子执谷璧，男执蒲璧”，即王及五等诸侯所执之圭璧。依贾疏，如果人执玉称瑞，礼神玉则称器，即对文异也。如果通而言之，人执及礼神之玉皆称器，即“对文则异，散文则通”。

贾氏总结的经之“对文”例只是少数，更多的则是郑注的“对文”例。如，《天官·庖人》“庖人，掌共六畜、六兽、六禽，辨

---

① (清)阮元校刻《十三经注疏》，中华书局，1980 年，第 270 页。

② (汉)郑玄注，(唐)贾公彦疏，彭林整理《周礼注疏》，上海古籍出版社，2010 年，第 687 页。

其名物”，郑注云：“六禽于禽献及六挚，宜为羔、豚、犊、麛、雉、雁。凡鸟兽未孕曰禽。”贾疏云：

> 云“凡鸟兽未孕曰禽”，郑言此者，见《尔雅》“四足而毛曰兽，两足而羽曰禽”，是对文例，若散文则通。其兽未孕时，虽曰四足，亦曰禽，是以名为禽献，其中亦有羔豚犊麛。又云以禽作六挚，禽中亦有羔，是其未孕者也，谓若《尔雅》“飞曰雄雌，走曰牝牡”，亦是对文。案《诗》云“雄狐绥绥”，走亦曰雄。《尚书》云“牝鸡无晨”，飞亦曰牝，并是散文通义。[①]

依贾疏，郑注云“凡鸟兽未孕曰禽”是散文之例。因为依《尔雅》所云“四足而毛曰兽，两足而羽曰禽”，兽与禽是有分别的，此处郑云鸟与兽未孕皆曰禽，显然不作区分，则知禽献及六挚中既有兽如羔、豚、犊、麛，又有禽如雉、雁等，此谓散文则通。贾氏又另举《尔雅》“飞曰雄雌，走曰牝牡”及《诗》《书》之例来佐证其“对文则异，散文则通”的理论。

有时，贾氏亦结合他经之例来说明其“对文则异，散文则通”的理论。《春官・小子》“小子，掌祭祀羞羊肆、羊殽、肉豆。而掌珥于社稷，祈于五祀”，郑注云：“谓珥读为衈。祈或为刉。刉衈者，衅礼之事也。用毛牲曰刉，羽牲曰衈。衈刉社稷五祀，

---

① (汉)郑玄注，(唐)贾公彦疏，彭林整理《周礼注疏》，上海古籍出版社，2010年，第122页。

谓始成其宫兆时也。”贾疏云：

> 云“用毛牲曰刉，羽牲曰衈”者，此相对而言，《杂记》庙用羊，门用鸡，皆云衈，散文通也。[①]

案，《礼记·杂记》“成庙则衅之，其礼：祝、宗人、宰夫、雍人皆爵弁、纯衣。雍人拭羊，宗人视之，宰夫北面于碑南，东上。雍人举羊升屋自中；中屋南面，刲羊，血流于前，乃降。门、夹室皆用鸡，先门而后夹室”，《正义》云：“此衅庙以羊，门、夹室以鸡，总云其衈，则毛牲羽牲，皆谓之衈。”依贾疏，若相对而言，有毛之牲称刉，有羽之牲称衈；若通而言之，则无论毛牲羽牲皆谓之衈。贾氏此说与《礼记正义》“毛牲羽牲，皆谓之衈”说正同。

据笔者统计，贾氏总结经、注“对文则异，散文则通”之例共30则，除了以上所举3则，其余27则分别为：

《天官》：

> 1. 以牛马为兽者，对文则畜兽异，散文通。（《天官·序官·兽医》）
>
> 2. 郑云休废者，相对，死与休废别，散则死亦为休废，故郑以休废言之也。（《天官·庖人》）
>
> 3. 案《内则》郑注：释者曰膏，凝者曰脂。彼是相对之

---

① （汉）郑玄注，（唐）贾公彦疏，彭林整理《周礼注疏》，上海古籍出版社，2010年，第1155页。

义，通而言之，脂膏一也。(《天官・庖人》)

4. 五齐对三酒，酒与齐异，通而言之，五齐亦曰酒。(《天官・酒正》)

《地官》：

5. 三十里言委，五十里言积，相对而言。若散文，则多亦曰委。(《地官・遗人》)

6. 对则正姓与氏族异，通而言之，氏族则庶姓。(《地官・司市》)

7. 以衣食先当时用，不生其利，故云惠。所为事业，后即有利，故云利。此对文，惠利两有，故为此释。若通而言之，惠利为一。(《地官・旅师》)

8. 诸侯朝称宾，卿大夫来聘称客。彼对文例，散文宾客通。(《地官・大司徒》)

《春官》：

9. 对文则《仪礼》是曲礼，《周礼》是经礼，散文此《周礼》亦名曲礼。(《春官・序官》)

10. 观台则灵台，对文有异，散文则通。(《春官・肆师》)

11. 若对文，祯祥是善，妖孽是恶。散文，祥中可以兼

恶。(《春官·占梦》)

12. (王)乘玉路,则建大常。经云"各建其旗",则诸侯已下所得路各有旗。按上文,诸侯建旗。……散文通,故名旂为常。孤卿则旃,大夫则物,故言"各建其旗"也。(《春官·司常》)

13. 隧与羡异者,隧道则上有负土,谓若郑庄公与母掘地隧而相见者也。羡道上无负土,若然,隧与羡别。而郑云"隧,羡道"者,对则异,散则通。(《春官·冢人》)

14. 云"瑞祝,逆时雨,宁风旱也"者,《小祝》有逆时雨,宁风旱,此逆时雨即宁风旱,宁风旱即逆时雨,对则异,理则通。(《春官·大祝》)

15. 对文言之,王谓之帝系,诸侯卿大夫谓之世本。散则通。(《春官·瞽矇》)

16. 是入庙诏礼曰相,此对文义尔。通而言之,出入皆称摈也。(《春官·大宗伯》)

《夏官》:

17. 云"国曰固,野曰险"者……是对文则险固异,散则险固通名也。(《夏官·序官·掌固》)

18. 云"委貌、缁布曰冠"者,此二者对皮弁、爵弁、六冕,惟曰冠。若散文亦得言弁。(《夏官·序官·弁师》)

19. 云"齿,象齿也"者,对则齿牙别,通而言之,牙亦

得为齿。(《夏官·职方氏》)

20.(王功曰勋,国功曰功,民功曰庸,事功曰劳,治功曰力,战功曰多)此上六者,皆对文为义,若散文则通。(《夏官·司勋》)

《秋官》:

21. 云“讼,谓以货财相告者”,以对下文“狱,是相告以罪名”也。此相对之法。若散文则通。(《秋官·大司寇》)

22. 玄酒与明水别,而云明水以为玄酒者,对则异,散文通谓之玄酒。(《秋官·司烜氏》)

23. 对文,脩是锻脩,加姜桂捶之者。脯,干肉薄者。散文,脩脯一也。(《秋官·掌客》)

24. 古者言金,金有两义。若相对而言,则有金银铜铁为异;若散而言之,总谓之金。(《秋官·职金》)

25. 总而言之,皆曰国君。别而言之,惟三公及王子弟得称国君,卿大夫总称长。(《秋官·朝大夫》)

《考工记》:

26. 对文,量衡异;散文,衡亦得为量。(《考工记·玉人》)

27. 云"室中,举谓四壁之内"者,对宫中是合院之内。依《尔雅》,宫犹室,室犹宫者,是散文宫室通也。(《考工记·匠人》)

## 第二节 互文

郑玄解经,并非字字训释,仅是在重点或难点处出注,有时注文字数甚至少于经文。对于屡次出现的训释,他还大量使用互文手法,以避免行文重复。贾公彦曾在《仪礼·乡射礼》疏中对"互文"作过解释:"凡言'互文'者,各举一事,一事自周,是'互文'。"[①]又《仪礼·既夕礼》疏云:"凡言'互文'者,是二物各举一边而省文,故云'互文'。"[②]所谓互文,是指一个完整的意思,作者有意将其置于两个句子或两个事件当中,理解时须参互合看,才能完整、正确地见义。互文是一种很巧妙的训诂方法,妙在简省了文字,又能文义相足。这种手法首先是被汉代注家发掘出来的。郑玄在《周礼注》中就多次提到"互文"手法,或称之为"互其文""互言""互相备"等[③]。如,《天官·典枲》"颁衣服,授之,赐予亦如之",郑注云:"授之,授受班者。帛言待有司之政令,布言班衣服,互文。"贾疏云:

① (清)阮元校刻《十三经注疏》,中华书局,1980年,第1008页。

② 同上,第1153页。

③ 石云孙《"互文"简论》,《修辞学研究》第一辑,华东师范大学出版社,1983年,第256页。

> 云“帛言待有司之政令，布言班衣服”者，帛谓典丝，布谓典枲，据成而言。知为互文者，以其典丝、典枲俱不为王及后之用，皆将颁赐，故知互见为义也。[①]

依贾疏，《典丝》所掌之帛要等有司之政令才能用，《典枲》所掌之布要等王颁赐时才能用。实则，帛亦有颁赐，布亦待有司之政令。互文备义也。此即较为简单的互文手法。又如：《天官·屦人》“掌王及后之服屦。为亦舄、黑舄、赤繶、黄繶；青句，素屦，葛屦”，郑注云：“絇繶纯者同色，今云赤繶、黄繶、青絇，杂互言之，明舄屦众多，反覆以见之。凡舄之饰，如缋之次。赤繶者，王黑舄之饰；黄繶者，王后玄舄之饰；青钩者，王白舄之饰。言繶必有絇纯，言絇亦有繶纯，三者相将。王及后之赤舄皆黑饰，后之青舄白饰。”贾疏云：

> 男子有三等屦舄，妇人六等屦舄，若具言其屦舄，于文烦，故杂互见之，明其众多也。[②]

依郑、贾意，每一舄皆配有絇繶纯三种装饰，且三者同色。将舄与繶絇纯之诸种搭配展开，如下表：

---

① (汉)郑玄注，(唐)贾公彦疏，彭林整理《周礼注疏》，上海古籍出版社，2010年，第277页。

② 同上，第294页。

| | 赤舄 | 白舄 | 黑舄 | 玄舄 | 青舄 |
|---|---|---|---|---|---|
| 王 | 黑繶、黑絇、黑纯 | 青繶、青絇、青纯 | 赤繶、赤絇、赤纯 | | |
| 后 | 黑繶、黑絇、黑纯 | | | 黄繶、黄絇、黄纯 | 白繶、白絇、白纯 |

郑氏已经注意到，若将经意铺叙开来，势必文繁。既知每一舄皆有絇繶纯三种装饰，且三者同色，故郑只需于每种舄后列出一种颜色的装饰，读者便可举一反三，类推出其他两种。如此，可起到以简驭繁之效。郑注所云“杂互见之”即是“互文”之意。

贾疏亦深谙其法，一方面申明郑注“互文”使用之例，另一方面，贾氏亦能将此法套用在分析经、注上。

## 一、申明郑注互文

### （一）与本经互文

《地官·小司徒》“乃会万民之卒伍而用之，五人为伍，五伍为两，四两为卒，五卒为旅，五旅为师，五师为军。以起军旅，以作田役，以比追胥，以令贡赋”，郑注云：“乡之田制与遂同。”贾疏云：

云“乡之田制与遂同”者，此经之内不见田制。案：《遂人职》云：“夫间有遂，遂上有径；十夫有沟，沟上有畛；百夫有洫，洫上有涂；千夫有浍，浍上有道；万夫有川，川上有路。”是其遂制也。故云乡之田制与遂同。案：郑注遂之军法如六乡者，以其遂内不见出军之法，唯有田制而已，故知遂之军法如六乡。若然，彼此各举一边，互见为义。①

《小司徒》说的是六乡之军法，郑注却说“六乡田制与遂同”，《小司徒》之内并未提及田制，提到田制的是《遂人》，如上贾疏所引。接着，贾氏引《遂人》郑注说“遂之军法、追胥起徒役，如六乡”，通观《遂人》职，亦并未提到军法，只有田制而已。贾氏已经注意到郑注“互文”手法了。若结合《遂人》贾疏来看，所谓“互见为义”便十分明显了。《遂人》“以土地之图经田野，造县鄙形体之法。五家为邻，五邻为里，四里为酂，五酂为鄙，五鄙为县，五县为遂，皆有地域，沟树之。使各掌其政令刑禁，以岁时稽其人民，而授之田野，简其兵器，教之稼穑”，郑注云：“郑司农云：‘田野之居，其比伍之名，与国中异制，故五家为邻。’玄谓异其名者，示相变耳。遂之军法，追胥起徒役，如六乡。”贾疏云：

云“遂之军法，追胥起徒役，如六乡”者，案：《小司徒》云：“乃会万民之卒伍而用之，五人为伍，五伍为两，四两为卒，五卒为旅，五旅为师，五师为军。以起军旅，以作田役，以比追胥，以令贡赋。”注云：“乡之田制与遂同。”但彼乡中，唯见出军，无田制，此遂人唯见田制，无出军法，故郑彼

---

① (汉)郑玄注，(唐)贾公彦疏，彭林整理《周礼注疏》，上海古籍出版社，2010年，第387页。

注云："乡之制与遂同。"此遂之军法、追胥起役，如彼六乡，互见其义，明彼此皆有也。但彼此虽相如，据大较而言。细论之，仍有少异，以其六乡上剂致民，六遂下剂致甿，六乡上地无莱，六遂上地有莱，有莱，是其稍异也。①

两处合观，我们就会发现郑注用意所在。郑注于《小司徒》军法提田制，于《遂人》田制提军法，就是提醒我们，此二处经文为互文。郑氏没有明标"互文"二字，贾氏深明郑义，故能将之抉发出来。

**（二）与他经互文**

《夏官·射人》"掌国之三公、孤、卿、大夫之位，三公北面，孤东面，卿、大夫西面。其挚，三公执璧，孤执皮帛，卿执羔，大夫雁"，郑注云："《燕礼》曰：'公升，即位于席，西乡，小臣纳卿大夫，卿大夫皆入门右，北面东上。士立于西方，东面北上。'《大射》亦云。则凡朝燕及射，臣见于君之礼同。"贾疏云：

云"凡朝燕及射，臣见于君之礼同"者，以《仪礼》内，诸侯有燕朝及射朝，不见正朝。《周礼》内，天子有射朝与正朝，不见燕朝。诸侯射朝，与燕朝位同，则天子燕朝，亦与射朝位同。则诸侯正朝亦与射朝位同。是天子诸侯三朝

① （汉）郑玄注，（唐）贾公彦疏，彭林整理《周礼注疏》，上海古籍出版社，2010年，第553页。

各自同。故郑引《仪礼》，见天子诸侯互见为义耳。[1]

贾氏所谓“《周礼》内，天子有射朝与正朝”，射朝即《射人》君臣之位，正朝即《司士》所云“正朝仪之位”。此射朝所涉之王、三公、孤、卿大夫等位与《夏官·司士》一致：“正朝仪之位，辨其贵贱之等。王南乡；三公北面东上；孤东面北上；卿大夫西面北上；王族故士、虎士在路门之右，南面东上；大仆、大右、大仆从者在路门之左，南面西上。”贾氏云“以《仪礼》内，诸侯有燕朝及射朝”，即见于《仪礼·燕礼》《仪礼·大射》之位。《仪礼·燕礼》云：“射人告具，小臣设公席于阼阶上，西乡，设加席。公升，即位于席，西乡，小臣纳卿大夫，卿大夫皆入门右，北面东上。士立于西方，东面北上，祝史立于门东，北面东上，小臣师一人，在东堂下，南面，士旅食者立于门西，东上。”《仪礼·大射》云：“射人告具于公，公升，即位于席西乡，小臣师纳诸公卿大夫，诸公卿大夫皆入门右，北面东上，士西方，东面北上，大史在干侯之东北，北面东上，士旅食者在士南，北面东上，小臣师从者在东堂下，南面西上。”依贾说，则诸侯燕与射，君臣位同，可推知天子燕朝与射朝位亦同也。《射人》与《司士》君臣位同，是天子射朝与正朝位同，可推知诸侯射朝与正朝位亦同也。亦不难推知，天子、诸侯之燕朝与正朝亦同。贾意，郑云“凡朝燕及射，臣见于君之礼同”，要从两方面来看。即天子正朝、射朝、燕朝三

[1] （汉）郑玄注，（唐）贾公彦疏，彭林整理《周礼注疏》，上海古籍出版社，2010年，第1173页。

者君臣之位自相同；诸侯正朝、射朝、燕朝三者君臣之位亦自相同。但天子与诸侯君臣之位却不能混同。引《仪礼》以见天子、诸侯“朝、燕、射”位一义两面，互相补充，互见为义。

## 二、贾氏发明互文

贾氏颇能领略郑注互文之旨，除将郑玄总结之互文一一申明外，贾氏尚能于经注互文处，或发郑氏之未发，或总结郑注互文之例。

### （一）与本经注互文

《地官·遂师》“各掌其遂之政令戒禁。以时登其夫家之众寡、六畜、车辇，辨其施舍与其可任者。经牧其田野，辨其可食者，周知其数而任之，以征财征。作役事则听其治讼”，贾疏云：

> 以遂师下大夫四人所掌六遂，亦如乡师主六乡，亦二人共主三遂，故云“各掌其遂之政令戒禁”。并“以时登其夫家众寡、六畜”已下，皆如乡师之职。但《乡师》云“辇”，又云“老幼贵贱废疾”，此不言之。此云“经牧其田野”之等，彼不言之。皆是互换为义，故设文不同也。[1]

此处互文，郑注无说，显系贾氏发明。《乡师》云：“以国比之法，

---

① （汉）郑玄注，（唐）贾公彦疏，彭林整理《周礼注疏》，上海古籍出版社，2010年，第559—560页。

以时稽其夫家众寡，辨其老幼、贵贱、废疾、马牛之物，辨其可任者与其施舍者，掌其戒令纠禁，听其狱讼。”《乡师》与《遂师》职掌相同。《遂师》掌政令戒禁，夫家众寡、六畜、车辇之登记，经牧田野，听治讼，《乡师》则掌夫家众寡、老幼、贵贱、废疾、马牛之稽核，戒令纠禁，听狱讼，略有不同者，即贾氏所谓《乡师》云“辇”，又云“老幼贵贱废疾”，《遂师》不言之；《遂师》云“经牧其田野”之等，《乡师》不言之，“皆是互换为义，故设文不同也”。又，《天官·掌次》“王大旅上帝，则张毡案，设皇邸”，郑注云：“张毡案，以毡为床于幄中。”贾疏云：

> 云“张毡案，以毡为床于幄中”者，据郑云于幄中，则知不徒设毡案皇邸而已，明知并有大次小次之幄，与下祀五帝互见之也。①

此处互文，郑注亦无说。依贾说，王大旅上帝，于幄中张毡案，不言案上设重席。《掌次》“祀五帝”云：“朝日、祀五帝，则张大次、小次，设重帟重案。”贾疏云：“‘重案’者，案则床也。床言重，谓床上设重席。不言毡及皇邸，亦有可知。上毡案不言重席，亦有重席可知。互见为义。”王朝日、祀五帝，张大、小次，即大、小幄，有重帟重案。案即床，重案即床上设重席。此不言毡及皇邸，实则兼有，即卧则有毡有席，坐则有皇邸以为屏风。是

---

① (汉)郑玄注，(唐)贾公彦疏，彭林整理《周礼注疏》，上海古籍出版社，2010年，第203页。

为互文。其实，重帝亦为大旅上帝、朝日祀五帝兼有，贾未言及也。

### （二）与他经注互文

《地官·诵训》"掌道方慝，以诏辟忌，以知地俗"，郑注云："方慝，四方言语所恶也。不辟其忌，则其方以为苟于言语也。知地俗，博事也。郑司农云：'以诏辟忌，不违其俗也。《曲礼》曰："君子行礼，不求变俗。"'"贾疏云：

> 引《曲礼》"君子行礼，不求变俗"者，上《土均》云礼俗，注亦引此文，彼谓先王旧俗，是礼事不变之，此引不求变俗，谓不变其乡俗所嫌恶。皆是不求变俗，各证一边之义，故不同也。①

此处"不求变俗"之"俗"指四方各地语言之习惯、风土人情之类。《地官·土均》云："以和邦国都鄙之政令、刑禁与其施舍。礼俗、丧纪、祭祀，皆以地媺恶为轻重之法而行之，掌其禁令。"郑注云："礼俗，邦国都鄙民之所行，先王旧礼也。君子行礼，不求变俗，随其土地厚薄，为之制丰省之节耳。"《土均》"不求变俗"之"俗"指的则是先王之旧礼。两处均引《曲礼》"君子行礼，不求变俗"，而训释不同者，盖一词之两义项也。若二处合起观之，方为"俗"之完整释义，故贾氏云"各证一边之义"。此即总

① （汉）郑玄注，（唐）贾公彦疏，彭林整理《周礼注疏》，上海古籍出版社，2010年，第589页。

结郑注互文之例。又,《春官·司服》“公之服,自衮冕而下如王之服。侯伯之服,自鷩冕而下如公之服。子男之服,自毳冕而下如侯伯之服。孤之服,自希冕而下如子男之服。卿大夫之服,自玄冕而下如孤之服,其凶服加以大功小功。士之服,自皮弁而下如大夫之服,其凶服亦如之。其齐服有玄端、素端”,郑注云:“自公之衮冕,至卿大夫之玄冕,皆其朝聘天子及助祭之服。诸侯非二王后,其余皆玄冕而祭于己。”贾疏云:

> 云“诸侯非二王后,其余皆玄冕而祭于己”,知之者,案《玉藻》云“诸侯玄端而祭”,注云“端”当为“冕”,是诸侯玄冕自祭于己也。案《玉藻》云“诸侯祭宗庙之服,惟鲁与天子同”。此注云:“诸侯非二王后,其余皆玄冕祭于己。”彼不言二王后,此不言鲁者,彼此各举一边而言,其实相兼乃具也。①

依贾疏,惟二王之后方可与王同服而祭。若非二王之后,祭于自己宗庙,当着玄冕。《礼记·玉藻》“诸侯玄端以祭”,郑注云:“祭先君也。端,亦当为‘冕’,字之误也。诸侯祭宗庙之服,唯鲁与天子同。”唯鲁国诸侯享有与天子服同等冕服之特权,其余诸侯皆着玄冕祭己先祖,不得僭越。将两处注文综合起来可知,诸侯中除了二王之后、鲁国侯外,皆服玄冕祭于宗庙。《春

① (汉)郑玄注,(唐)贾公彦疏,彭林整理《周礼注疏》,上海古籍出版社,2010年,第806页。

官·司服》郑注与《礼记·玉藻》郑注，彼此各举一边而言，只有将二处注合观，才能得到对诸侯祭家庙冕服之制完整的训释。此亦总结郑注互文之手法也。

## 第三节　举外以包内

在简省文字又文义自足方面，举外包内之法与互文法有异曲同工之妙。所谓“举外包内”，即在一个有远近亲疏关系之体系内，选择距离或关系离中心较远者进行说明，而对于距离或关系较近者则省略说明，但很容易通过前者类推出后者。郑氏已经注意到《周礼》的这一现象，只不过没有进行提炼与概括。例如《天官·宰夫》“掌治法以考百官府、群都县鄙之治”，郑注云：“群都，诸采邑也。六遂五百家为鄙，五鄙为县。言县鄙而六乡州党亦存焉。”贾疏云：

> 云“六乡州党亦存焉”者，六遂在外，尚考之；六乡在内，考之可知。不言者，举外以包内也。①

郑氏已经注意到，经文言六遂内之县、鄙，实际上亦包含了六乡之州、党。不过郑氏并未对此进行总结。贾氏申明之，谓宰夫掌治法，距王城两百里之六遂，尚且考校之，那么距离更近、只

---

① (汉)郑玄注，(唐)贾公彦疏，彭林整理《周礼注疏》，上海古籍出版社，2010年，第93页。

有一百里的六乡，自然无不考之理。“不言者，举外以包内也。”至贾氏，则用一专门术语“举外以包内”对此种现象进行总结概括，并推而广之，借以分析经、注中陆续出现的类似实例。贾氏可谓善于总结条例矣。又，《秋官·大司寇》“凡远近茕独老幼之欲有复于上而其长弗达者，立于肺石，三日，士听其辞，以告于上，而罪其长”，郑注云：“长，谓诸侯若乡遂大夫。”贾疏云：

> 云“长，谓诸侯若乡遂大夫”者，冤诉之人，天下皆是，故长亦兼天下，故以畿外诸侯及畿内乡遂大夫，皆得为长也。若然，不言二等采地之主及三公邑大夫者，在长中可知，故举外内以包之也。①

依贾意，郑注释“长”，只选择了畿外之诸侯及畿内之乡大夫、遂大夫，而这并未穷尽天下全部“长”。按《县师》贾疏，若以王城为中心，一百里内为六乡；一百里至二百里为六遂；二百里至三百里为家邑，即大夫之采邑；三百里至四百里为小都，为卿之采地；四百里至五百里为大都，为公之采地，大、小都合称都鄙；五百里以外为畿外诸侯国。则天下之“长”，不应只包括畿外诸侯及畿内乡大夫、遂大夫，都鄙、家邑等公、卿、大夫三等采邑之主及公邑大夫亦应包含在内。郑注于畿外举诸侯，畿内举乡大夫、遂大夫，虽说不全然是“举外以包内”，而是“举外内以包

① (汉)郑玄注，(唐)贾公彦疏，彭林整理《周礼注疏》，上海古籍出版社，2010年，第1325页。

之”，其实质并无多大差别。

除申明郑注外，贾氏亦以“举外以包内”之法来解经。如，《地官·大司徒》“颁职事十有二于邦国都鄙，使以登万民”，贾疏云：

> 大司徒主天下人民之数，故颁下民之职事十有二条于天下邦国及畿内都鄙，使以登成万民。此经不言乡遂及公邑者，举外以包内，司徒亲主乡遂公邑，颁之可知。[①]

大司徒掌天下人民之数，天下自然包括畿内王国及畿外诸侯国。《天官·序官》贾疏云：“《周礼》以邦、国连言者，据诸侯也。单言邦，单言国者，多据王国也。”则此经“邦国”指诸侯国，“都鄙”指畿内三百至五百里、三等采地范围。“邦国”“都鄙”皆在三百里以外，三百里以内之六乡六遂未言及。故贾氏云：“此经不言乡遂及公邑者，举外以包内，司徒亲主乡遂公邑，颁之可知。”又，《春官·大宗伯》“以凶礼哀邦国之忧”，贾疏云：

> 邦国者，亦如吉礼，举外以包内之义。[②]

依贾说，《大宗伯》“以吉礼事邦国之鬼神示”亦举外以包内也。此经言“邦国”，当指诸侯国。天子之大宗伯，本应言“以凶礼哀

① (汉)郑玄注，(唐)贾公彦疏，彭林整理《周礼注疏》，上海古籍出版社，2010年，第368页。

② 同上，第663页。

国中之忧”，此处止言“邦国”。如果连“邦国”都包含在内了，“国中”自然也不能排除在外，故云举外以包内也。又，《天官·序官》“乃立天官冢宰，使帅其属而掌邦治，以佐王均邦国”，贾疏云：

> 云“佐王均邦国”者，以大宰掌均节财用故也。《周礼》以邦、国连言者，据诸侯也。单言邦，单言国者，多据王国也。然不言均王国，而言均邦国者，王之冢宰，若言王国，悉不兼诸侯，今言邦国，则举外可以包内也。①

依贾说，冢宰本为王之属官，若只云“佐王均王国”，怕被误解不兼言诸侯，但如果连邦国都职掌了，王国自应职掌无疑。

与“举外以包内”名异实同者，尚有“举远以包近”“举异姓包同姓”诸种。例如，《夏官·司士》“掌群臣之版，以治其政令，岁登下其损益之数，辨其年岁与其贵贱，周知邦国都家县鄙之数，卿大夫士庶子之数”，贾疏云：

> 云“周知邦国都家”者，邦国，谓周之千七百七十三国也。都家，谓天子畿内三等采地，大都、小都、家邑是也。先邦国后都家者，尊诸侯故也。亦如《大宰》云“布治于邦国都鄙”，亦先邦国也。县鄙者，谓去王国百里外六遂之中

---

① (汉)郑玄注，(唐)贾公彦疏，彭林整理《周礼注疏》，上海古籍出版社，2010年，第7页。

> 也。不言六乡者，举远以包近。①

六遂更在六乡之外，而只言掌六遂县鄙之数，不言六乡者，则举远亦自然包近也。又，《春官·大宗伯》“以贺庆之礼，亲异姓之国”，贾疏云：

> 言“贺庆”者，谓诸侯之国有喜，可贺可庆之事，王使大夫往以物贺庆之，可施及异姓之国，所以亲之也。虽主异姓，其同姓有贺庆可知。故举异姓包同姓也。是以《大行人》云“贺庆以赞诸侯之喜”，不别同姓异姓，则兼同姓可知。②

异姓诸侯有喜庆事，王派使者往贺之。同姓诸侯有喜庆事，更当如此。故虽只言“亲异姓之国”，实则亲疏之国皆包括在内。

## 第四节　推约之法

所谓“推约”，是“推次”之法与“约之”之法的合称。“推次”者，礼有等差，已知甲可以推知乙、丙、丁之差次也；“约之”者，即约他经之所见，以释此经所不言。“推次”“约之”，若析而言之，二者有别，若浑而言之，二者实通。郑氏用“推约”之法以解

---

① (汉)郑玄注，(唐)贾公彦疏，彭林整理《周礼注疏》，上海古籍出版社，2010 年，第 1185 页。

② 同上，第 674 页。

经，贾疏不惟能够畅明之，亦能用此法以补经、注之旨。

## 一、郑注善用推约之法

《天官·内司服》“内司服掌王后之六服，袆衣、揄狄、阙狄、鞠衣、展衣、缘衣、素沙”，郑注云：“此缘衣者，实作褖衣也。褖衣，御于王之服，亦以燕居。男子之褖衣黑，则是亦黑也。六服备于此矣。袆、揄、狄、展，声相近，缘，字之误也。以下推次其色，则阙狄赤，揄狄青，袆衣玄。”王后六服之颜色，史无明文，故郑以五行之色推约云“阙狄赤，揄狄青，袆衣玄”。此处郑玄自言其推约。

然而，此种情况在郑注中比较少见，多数时候郑注用推约而并不明言，需要贾疏申发才能明了。《春官·大司乐》“王大食，三宥，皆令奏钟鼓”，郑注云：“大食，朔月月半以乐宥食时也。”贾疏云：

> 郑知“大食，朔月加牲”者，案《玉藻》，天子诸侯皆朔月加牲体之事。又知月半者，此无正文，约《士丧礼》月半不殷奠，则大夫已上，有月半殷奠法，则知生人亦有月半大食法。既言大食令奏，若凡常日食，则大司乐不令奏钟鼓，亦有乐侑食矣。知日食有乐者，案《膳夫》云“以乐侑食”，是常食也。[1]

① (汉)郑玄注，(唐)贾公彦疏，彭林整理《周礼注疏》，上海古籍出版社，2010年，第852页。

郑注虽没有出现“推约”字眼，然而，据贾疏所言，郑氏知月半大食，盖约《士丧礼》之文也。《士丧礼》云“（士）月半不殷奠”，郑氏必是由此而推约出大夫以上丧有月半奠，继而知晓生人也有月半大食法。经过贾氏推阐，郑注旨意完全展现。又如，《春官·典命》“王之三公八命，其卿六命，其大夫四命。及其出封，皆加一等。其国家、宫室、车旗、衣服、礼仪亦如之”，郑注云：“王之上士三命，中士再命，下士一命。”贾疏云：

> 云“王之上士三命，中士再命，下士一命”者，经既不言，而郑言之者，此典命所以主命数。序官有三等之士，此文不见，故以意推之。必知士有三命以下者，见经大夫四命，四命以下，唯有三等之命。序官有上士、中士、下士，故以三等之命而说之也。然公卿大夫以八命、六命、四命为阴爵者，一则拟出封加为阳爵，二则在王下为臣，是阴官不可为阳爵故也。士下既无出封之理，又极卑贱，故有三命、一命为阳爵无嫌也。[①]

经文只提到三公八命，卿六命，大夫四命，并未言及士之爵命，而郑注言士之爵命云：“王之上士三命，中士再命，下士一命。”贾氏谓，郑注之所以这样说，是因为经文不具，故需以意推之。因大夫为四等爵命，四命以下尚有三等之命。大夫之下为士，

① （汉）郑玄注，（唐）贾公彦疏，彭林整理《周礼注疏》，上海古籍出版社，2010 年，第 787 页。

士有上士、中士、下士三等之分，故分别以三、二、一等之命配之。

## 二、贾疏发挥推约之法

贾氏不惟能领会郑注之意，阐发其推约之法，亦能以郑君“推约”之法补充经、注之旨。《天官・大宰》“乃施法于官府，而建其正，立其贰，设其考，陈其殷，置其辅”，郑注云：“考，成也，佐成事者，谓宰夫、乡师、肆师、军司马、士师也。司空亡，未闻其考。”贾疏云：

> 云“《司空》亡，未闻其考”者，案《乡师》云“及葬，执纛以与匠师御柩”，注云：“匠师，事官之属，其于司空，若乡师之于司徒。”若然，乡师是司徒之考，则匠师亦司空之考，而此云“未闻”者，彼文以义约之，司空考匠师也，无正文，故此云未闻也。[①]

此经郑注于司空之考云“未闻”，贾氏则据《乡师》郑注“匠师，事官之属，其于司空，若乡师之于司徒”推约出乡师是司徒的考成官，匠师为司空之考成官。可见贾氏亦能善用郑玄推约之法以补经也。又，《春官・典瑞》“大丧，共饭玉、含玉、赠玉”，郑注：

① (汉)郑玄注，(唐)贾公彦疏，彭林整理《周礼注疏》，上海古籍出版社，2010 年，第 60—61 页。

“饭玉，碎玉以杂米也。含玉，柱左右齻及在口中者。”贾疏：

> 知含玉，柱左右齻及在口中者，案《士丧礼》云：“主人饭米，置尸三加贝，左中，亦如之。”既言左右及中，明知柱左右齻及口中。郑彼注“象生时啮坚”。以此而言，《士丧礼》用三，复以《杂记》差之，则天子用九玉，诸侯用七玉，大夫用五玉。若然，大夫已上，不徒柱左右与中央耳。[①]

郑注云“含玉，柱左右齻及在口中者”，盖据《士丧礼》之制。《士丧礼》云：“主人饭米，置尸三加贝，左中，亦如之。”主人于尸口内左右齿床及口中分别放置一枚贝币，是为三贝。贾氏据士礼用三之制，向上依次推约大夫用五玉、诸侯用七玉、天子用九玉。且因大夫以上用五、七、九玉，则不可能像《士丧礼》一样，只是柱左右齿床及口中三处。此经郑注不用推约法，而贾氏却能够熟练运用推约之法，以补经、注之旨。

郑注有不用约而知之者，贾疏亦能畅明之。《夏官·弁师》“诸侯及孤卿大夫之冕、韦弁、皮弁、弁绖，各以其等为之，而掌其禁令”，郑注：“冕则侯伯缫七就，用玉九十八；子男缫五就，用玉五十，缫玉皆三采。孤缫四就，用玉三十二；三命之卿缫三就，用玉十八；再命之大夫藻再就，用玉八……一命之大夫冕而无旒，士变冕为爵弁。”贾疏云：

---

① (汉)郑玄注，(唐)贾公彦疏，彭林整理《周礼注疏》，上海古籍出版社，2010 年，第 783—784 页。

云"一命之大夫冕而无旒"者,此亦无文。郑知然者,凡冕旒所以为文饰,一命若有,则止一旒一玉而已,非华美。又见一命大夫衣无章,士又避之,变冕为爵弁。若一命大夫有旒,士则不须变冕为爵弁,直服无旒之冕矣,故知一命大夫无旒也。若然,爵弁制如冕,但无旒为异,则无旒之冕亦与爵弁不殊。得谓之冕者,但无旒之冕,亦前低一寸余,故亦得冕名也。[①]

一命大夫以下之冕制,经文不具。郑注所释,贾疏不以推约之法解之,说明郑注不用推约之法,然而贾氏仍能用推约之法释注。依贾疏,冕旒是为了文饰,为了华美庄重,若一命大夫之冕有旒,依礼制就是一旒一玉,既不庄重也不华美,故郑说一命大夫冕而无旒。至于士之冕制,《典命》贾疏有言:"大夫玄冕,一命者一章,裳上刺黻而已,衣无章。"一命大夫裳有章而衣无章,士又降大夫一等,故变冕为爵弁。贾疏深得郑注推约之法,故用以解经释注亦游刃有余。

## 第五节 以今况古

以今况古亦汉时注家常用训诂之法。刘师培尝言,"然汉儒训诂最善者,复有二端","一曰以今语释古语。诚以古训难

① (汉)郑玄注,(唐)贾公彦疏,彭林整理《周礼注疏》,上海古籍出版社,2010年,第1223页。

明，故借俗语以明之”，“一曰以今制况古制。诚以古今制度不甚相远，故以今况古”[1]。陈澧亦云：“古语则以后世之语通之，古官古事则以后世之官后世之事况之，其义一也。古地理亦以今地名释之，即是此法。此乃注经一定不易之法也。汉法‘依古而来’，所谓继周百世可知也。周法无文，则‘约汉法以况之’，亦约他经以注此经之法也。”[2]以今况古其实有两层含义，即以今语释古语以及以今制况古制，贾疏释经、注，亦擅用此法。

## 一、指出郑注以今况古

《春官·序官》“守祧，奄八人，女祧每庙二人，奚四人”，郑注云：“奄，如今之宦者。”贾疏云：

> 汉以奄人为内官，则名奄人为宦，故举以况之也。[3]

又，《地官·掌节》“门关用符节，货贿用玺节，道路用旌节，皆有期以反节”，郑注云：“符节者，如今宫中诸官诏符也。玺节者，今之印章也。旌节，今使者所拥节是也。”贾疏云：

---

① 刘师培《中国文学教科书》，《刘申叔遗书》，江苏古籍出版社，1997年，第2170—2171页。

② 陈澧著，杨志刚编校《东塾读书记（外一种）》，中西书局，2012年，第105页。

③ （汉）郑玄注，（唐）贾公彦疏，彭林整理《周礼注疏》，上海古籍出版社，2010年，第627页。

云符节已下，周法无文，故皆约汉法况之。[1]

此类以今况古，郑注皆直接说出。其常见句式为“（若）如今……者也”或“今……是也”等，故贾氏每每以“以汉法况之”一语带过，或干脆不费笔墨。

有时郑注虽不明言“若今之……者”“如今之……也”等，其实仍为举今以况古，贾氏亦能准确把握并发挥之。如，《夏官·方相氏》“及墓，入圹，以戈击四隅，驱方良”，郑注云：“圹，穿地中也。方良，罔两也。天子之椁柏，黄肠为里，而表以石焉。”贾疏云：

云“天子之椁柏，黄肠为里，而表以石焉”者，欲见有罔两之义，故引汉法为证。又《檀弓》云：“天子柏椁以端，长六尺。”言椁柏，则亦取柏之心黄肠为椁之里，故汉依而用之，而表之以石。古虽无言，汉亦依古而来。盖周时亦表以石，故有罔两也。[2]

郑氏此注并未出现“若今”“如今”等字眼，贾氏当从“黄肠为里”处得知郑引汉法为证也。孙氏《周礼正义》云：“《汉书·霍光传》：‘光薨，赐便房黄肠题凑各一具。’注苏林曰：‘以柏木黄心

① （汉）郑玄注，（唐）贾公彦疏，彭林整理《周礼注疏》，上海古籍出版社，2010 年，第 551 页。

② 同上，第 1208 页。

致累棺外，故曰黄肠。'如淳曰：'《汉仪注》：天子梓宫次椁椁柏，黄肠题凑。'又《续汉书·礼仪志》下'治黄肠题凑便房如礼'，刘注引《汉旧仪》曰：'梓宫柏黄肠题凑。'"汉代文献对黄肠题凑多有提及，贾氏认为，汉之黄肠题凑，外砌以石，当依周制。贾氏对汉时历史名物掌故十分熟稔，故郑注虽不明言"若今""如今"等，贾氏亦能领会。

## 二、以今况古释经、注

除了领会郑注之以今况古法，贾氏亦能灵活运用此法解经、注。

### （一）以今语释古语

《天官·酒正》"辨四饮之物，一曰清，二曰医，三曰浆，四曰酏"，贾疏云：

> "三曰浆"者，今之截浆。"四曰酏"者，即今薄粥也。[①]

经云："三曰浆，四曰酏。"贾疏释其云：浆，"今之截浆"；酏，"今薄粥也"。周时称"浆"，唐时称"截浆"，周时称"酏"，唐时称"薄粥"。又，《秋官·薙氏》"薙氏，掌杀草。春始生而萌之，夏日至而夷之，秋绳而芟之，冬日至而耜之"，郑注云："玄谓萌之者，以

① （汉）郑玄注，（唐）贾公彦疏，彭林整理《周礼注疏》，上海古籍出版社，2010年，第165页。

兹其斫其生者。”贾疏谓：

> “玄谓萌之者，以兹其斫其生者”，汉时兹其，即今之锄也。[1]

郑注谓“萌之者，以兹其斫其生者”，贾疏谓“汉时兹其，即今之锄也”，汉之“兹其”即唐之锄头也。

以上皆贾氏以唐时之语释周语。

### （二）以唐制况古制

《地官·肆长》“肆长，各掌其肆之政令。陈其货贿，名相近者相远也，实相近者相尔也，而平正之”，贾疏云：

> 此肆长，谓一肆立一长，使之检校一肆之事，若今行头者也。[2]

周之肆长掌管一肆之事，至唐时仍然设有此官，只不过在周称肆长，在唐则改称行头。又，《地官·质人》“质人，掌成市之货贿、人民、牛马、兵器、珍异”，贾疏云：

> 此质人，若今市平准，故掌成平市之货贿已下之事。[3]

---

① （汉）郑玄注，（唐）贾公彦疏，彭林整理《周礼注疏》，上海古籍出版社，2010 年，第 1427 页。

② 同上，第 540 页。

③ 同上，第 533 页。

周之质人掌集市之政事，唐时也设有此官，只不过名称改作平准了。又，《夏官·司爟》“凡国失火，野焚莱，则有刑罚焉”，贾疏云：

> 若今民失火有杖罚。①

周时凡国中失火，野外焚莱，皆有刑罚，贾氏援唐时之事以为说，谓“若今民失火有杖罚”，则唐时亦有失火杖罚的刑律。

以上皆郑注无以汉制比况，贾疏以唐制直接比况周制，可谓深得郑注之要旨也。

还有一种情况值得注意，即郑注已举汉制况周制，贾疏复以唐制况汉制。这说明，自周、汉至唐，所释对象存在一以贯之的线索，若将三者贯而通之，或可视为一部简明制度史。如，《秋官·掌讶》“至于国，宾入馆，次于舍门外，待事于客”，郑注：“次，如今官府门外更衣处。”贾疏云：

> “次，如今官府门外更衣处”，举汉法以况之，即今门外亦然。②

《新唐书》卷十六云：“蕃国主来朝，遣使者迎劳。前一日，守宫

---

① (汉)郑玄注，(唐)贾公彦疏，彭林整理《周礼注疏》，上海古籍出版社，2010年，第1159页。

② 同上，第1505页。

设次于馆门之外道右，南向。其日，使者就次，蕃主服其国服，立于东阶下，西面。使者朝服出次，立于门西，东面。”[①]即贾所释门外更衣处也，与汉制略同，与周礼更合。“次”的位置，三代皆一致，即位于外朝馆舍门外，略有区别的是，周时之“次”，是作为主国使者歇脚之处，以便随时待事于国宾；汉与唐时之“次”，狭义为更衣处。国宾朝见国君前，先于馆舍处休息，此时，主国要派使者至馆迎劳，“次”便是供主国使者礼见国宾前之更衣处。又如，《地官·司市》“以质剂结信而止讼”，郑注云：“质剂，谓两书一札而别之也。若今下手书，言保物要还矣。”贾疏云：

汉时下手书，即今画指券，与古质剂同也。[②]

按郑说，质剂即类于汉之下手书。《地官·质人》“掌稽市之书契”，郑注云：“其券之象，书两札刻其侧。”书契即质剂。在两片书简上写下同样文字，合起在简侧刻上记号再各执一半，即质剂。至于下手书，贾疏谓“即今画指券”。唐代画指券，大概是画手指形。杨树达《积微居小学述林》云：“汉人云下手，唐人云画指，皆今之手摹也。”[③]手摹，谓画手指形也。“关于‘画指’，日本的仁井田升在《唐宋法律文献之研究》第四章《画指、指模

① (宋)欧阳修等《新唐书》，中华书局，1975 年，第 381 页。

② (汉)郑玄注，(唐)贾公彦疏，彭林整理《周礼注疏》，上海古籍出版社，2010 年，第 517 页。

③ 杨树达《积微居小学述林》，中华书局，1983 年，第 44 页。

及手模》以及《中国法制史研究》第二卷的附录《画指文献》中进行过详细的研究，说明这是‘不能写字的人作为自己签字而在文书上按下自己的指印’的一种方法。”[①]又，《地官·小司徒》“以岁时入其数”，郑注：“岁时入其数，若今四时言事。”贾疏云：

云“岁时入其数，若今四时言事”者，汉承周后，皆四时入其数，今时白役簿，皆在于冬，代异时殊，故有革别也。[②]

“据居延所出简牍，汉时每一季度所上报之文书称为‘四时簿’，此为当时的定例。‘四时簿’内容极为广泛，大凡官兵吏卒、兵器粮草、钱谷收支及各种须统计者，皆登录在册，以备存考。”[③]四时簿即郑玄所谓四时言事。贾氏以唐之白役簿当汉之四时言事，则二者所涉内容应大致相当。《唐六典》卷五云：“凡三卫皆限年二十一已上，每岁十一月已后，本州申兵部团甲、进甲。”[④]三卫即守卫宫廷的禁卫军，包括亲卫、勋卫、翊卫，相当于汉时的兵役之事。《新唐书》卷五十一云：“凡里有手实，岁终具民之年与地之阔狭，为乡帐。乡成于县，县成于州，

① 陈星灿《考古随笔二》，文物出版社，2010年，第205页。

② （汉）郑玄注，（唐）贾公彦疏，彭林整理《周礼注疏》，上海古籍出版社，2010年，第384页。

③ 连劭名《西域木简所见〈汉律〉》，《文史》第二十九辑，中华书局，1988年，第137页。

④ （唐）李林甫等撰，陈仲夫点校《唐六典》，中华书局，1992年，第155页。

州成于户部。又有计帐，具来岁课役以报度支。”[1]手实是唐时居民自报户口、田亩以及赋役承担情况的登记册，它是制定计帐与户籍的主要依据。可见，周、汉两代皆四时言事，即每季度上报兵吏钱粮等之数，一年有四次；至唐时，则变为一年一次，年终时上报统计。

## 第六节 望文为训

字义有本义、引申义、假借义诸种，训诂时取哪一种含义决定于具体语境。郑玄注《周礼》，如果遇到一字多义的情形，往往视上下文语境选择合适义项，但郑玄并未对此种方法进行理论概括。如某字，此处训作此义，彼处又训为彼义，不明就里者往往以为郑注前后抵牾。汉代注家虽在注释实践方面取得了巨大成就，但并未提出过多少注释理论，对此进行总结的是贾公彦。《周礼疏》中多次出现的“望文为义”说，便是贾氏总结郑注该条例的体现。“望文为义”之“文”指的是上下文，当一个字有几个义项时，具体选择上要望“文”而定，如，《地官·司市》“以量度成贾而征儥”，郑注云：“征，召也。儥，买也。物有定贾则买者来也。”贾疏云：

> 知儥为买者，以言征召买者，故以儥为买。此字所训不定。案：下文所云“贵儥者”，郑注：“贵卖之。”郑亦望文

① (宋)欧阳修等《新唐书》，中华书局，1975年，第1343页。

为义，故注不同也。[①]

《司市》中，郑训“儥”为买，而同为“儥”，到了《地官·胥师》中，郑注则将其释为“卖”。《地官·胥师》“察其诈伪、饰行、儥慝者，而诛罚之”，郑注云：“郑司农云：‘儥，卖也。慝，恶也。谓行且卖奸伪恶物者。’玄谓饰行儥慝，谓使人行卖恶物于市，巧饰之，令欺诳买者。”贾疏云：

郑云“儥，卖也”者，此经云“饰行儥慝”，明儥为卖，不得为买。上文每云卖儥，儥不得为卖，故为买，是郑望文为义，故不定也。[②]

则“儥”有买与卖二义，郑注取买或者卖义，当“望文为义”。此“文”当解作“上下文”，谓具体语境。又，《天官·内宰》“凡建国，佐后立市，设其次，置其叙，正其肆”，郑注云：“次，司次也。叙，介次也。”贾疏云：

云“次，思次也”者，《地官·司市》云：“思次介次。”彼注破思为司字解之。云“叙，介次也”者，亦《司市》文。介，副也。谓若胥师、贾师等所居也。案：《司市》注：“次，谓吏

① (汉)郑玄注，(唐)贾公彦疏，彭林整理《周礼注疏》，上海古籍出版社，2010年，第517页。

② 同上，第537页。

> 所治舍，思次、介次也，若今市亭然。叙肆，行列也。"与此注不同者，郑望文解之。彼经无肆文，故以叙为行列，并思次、介次共为一所解之。此文自有肆文，故分思次、介次别释也。①

我们再来看《地官・司市》郑、贾关于"次""叙"的注疏。《地官・司市》"以次叙分地而经市"，郑注云："次谓吏所治舍，思次、介次也。若今市亭然。叙，肆行列也。经，界也。"贾疏云：

> 云"次谓吏所治舍"者，吏，即下文司市、贾师莅思次、介次者是也。云"若今市亭然"者，举汉法而言。云"叙，肆行列也"者，以其言叙即行肆之列，故为行列解之。案：《内宰职》云："设其次，置其叙，正其肆。"注云："次，思次。叙，介次。"不为行列，与此注违者，彼文次与叙，下更云"正其肆"，则肆为行列，故分次为思次，以叙为介次也。此文不具，直有次叙，无言正其肆，故并思介同名为次，叙为行列，此郑望文为义，故注不同。②

依贾疏，《司市》之"次"包括司次与介次。司次为司市所居，介次为司次之副职胥师、贾师等所居，"叙"，指肆之行列。而《内

① (汉)郑玄注，(唐)贾公彦疏，彭林整理《周礼注疏》，上海古籍出版社，2010年，第249页。

② 同上，第515—516页。

宰》之“次”专指司次，“叙”专指介次，“肆”指肆之行列。推寻贾说可知，若“次”“叙”“肆”三者同举，如《内宰》，则“次”指司次，“叙”指介次，“肆”指肆之行列。若只“次”“叙”并举，如《司市》，则“次”兼司次、介次，“叙”指肆之行列。此郑亦望文为训，无一定也。又，《夏官・大司马》“王吊劳士庶子，则相”，郑注云：“庶子，卿大夫之子从军者，或谓之庶士。”贾疏云：

案：《宫伯》云“掌宫中士庶子”，注“士，適子。庶子，其支庶”，与此注云“庶子为卿大夫之子”，適庶俱兼，则经中士为卿大夫士之身。与《宫伯》注不同者，彼宫正掌卿大夫士身，宫伯别掌士庶子，士庶子为適子支子明矣。此惟一文。云“吊劳士庶子”，不见别有吊劳卿大夫士身，故分之。郑望经为注，故不同也。①

我们再来看《宫伯》郑注贾疏。《天官・宫伯》“掌王宫之士庶子，凡在版者”，郑注云：“玄谓王宫之士，谓王宫中诸吏之適子也。庶子，其支庶也。”贾疏云：

“玄谓王宫之士，谓宫中诸吏之適子也”者，吏，谓卿大夫士之总号。云“庶子，其支庶也”者，以其宫正掌宫中官府，宫伯掌其子弟故也。案：《大司马》云：“王吊劳其士庶

① (汉)郑玄注，(唐)贾公彦疏，彭林整理《周礼注疏》，上海古籍出版社，2010年，第1134页。

子。”文与此同。郑彼注云:“吊其死者,劳其伤者。庶子,卿大夫之子从军者。”彼士为卿大夫士,庶子为卿大夫之子,则兼適庶,与此不同者,彼更无吊劳卿大夫士身,故上为卿大夫,庶子中兼適庶,是郑望文以为义,故注与此不同也。[①]

依贾疏,《宫正》掌卿、大夫、士诸官吏,为宫中官之长;《宫伯》则掌其子弟,即宫中卿大夫士之適子、庶子,行其秩叙,授其舍次之事。故《宫伯》之“士庶子”只涉及卿大夫士之子弟,无关卿大夫士本身。而《大司马》全经只有这一处言及“吊劳士庶子”,依贾说,《大司马》之“士庶子”兼有卿、大夫、士本身及其適子、庶子。换言之,“士庶子”既可解作卿大夫士之適子、庶子,亦可解作卿、大夫、士本身及其適子、庶子,就要看上下文的语境了,故贾氏云“郑望经为注”。

以上几例,贾氏均明确指出郑注“望文为义”。贾疏中还有一些并未出现“望文为义”字样,但实际上仍是按这一条例来分析经、注的例子。如,《春官·大宗伯》“以丧礼哀死亡”,贾疏云:

诸经云“亡”者,多是逃亡。此经郑不解亡,则亡与丧为一,以其逃亡无可哀故也。[②]

① (汉)郑玄注,(唐)贾公彦疏,彭林整理《周礼注疏》,上海古籍出版社,2010年,第106页。

② 同上,第664页。

依贾疏，“亡”至少有“逃亡”与“死亡”二义，别经云“亡”多是“逃亡”之义，此处郑不另解“亡”，说明“死”“亡”为一义，不作逃亡解。此可视为贾疏学习郑注“望文为义”法以解经的实例，可惜此类例子绝少，贾氏仍以总结申发郑注为主。如，《春官·大祝》“国有大故、天灾，弥祀社稷，祷祠”，郑注云：“大故，兵寇也。天灾，疫疠水旱也。弥犹遍也。遍祀社稷及诸所祷，既则祠之以报焉。”贾疏云：

> 云“弭犹遍也，遍祀社稷及诸所祷”，案：《小祝》云“弭灾兵”，弭为安，此弭为遍，不同者，义各有所施。彼是灾兵之事，故弭为安。此祷祀之事，靡神不举，以弥为遍。①

《小祝》“弥灾兵”，郑指出“弥”为“敉”之假借，当训为“安”。此处，郑训“弥”为“遍”，遍祀社稷及诸所祷，故贾疏云“义各有所施”，即一字多义。又，《春官·大宗伯》“以荒礼哀凶札”，郑注云：“荒，人物有害也。”贾疏云：

> 云“荒，人物有害”者，经云“荒”以为目，下云“凶札”，则荒中有凶，是物有害。荒中兼有札，是人有害。案：《司服》云“大札大荒则素服”。注云“札，疫病。荒，饥馑”者，

---

① （汉）郑玄注，（唐）贾公彦疏，彭林整理《周礼注疏》，上海古籍出版社，2010年，第968页。

> 彼不以荒为目，以荒替凶处，故彼注荒为饥馑，不为物有害也。①

依贾疏可知，若札、荒二者并举，则荒、凶同义，指物有害，即《大司徒》所云"《大司乐》大札、大荒、大凶，荒凶别者，其实凶荒是一，故《宗伯》云'以荒礼哀凶札'，是凶荒不异"；若荒、凶、札三者同举，则凶指物有害，札指人有害，荒则兼凶、札。郑随文阐义也。又，《夏官·戎右》"盟，则以玉敦辟盟，遂役之"，郑注云："郑司农云：'敦，器名也。辟，法也。'玄谓将歃血者，先执其器，为众陈其载辞，使心皆开辟也。役之者，传敦血，授当歃者。"贾疏云：

> 先郑以辟为法，此无取于法义，故后郑为开辟盟者之心。云"将歃血者，先执其器"者，凡盟，先割牛耳，盛于珠盘，以玉敦盛血，戎右执此敦血，为陈其盟约之辞，使心开辟，乃歃之。②

依贾疏，先郑认为"辟"为"法"义，后郑认为"辟"为"开辟"之义，则"辟"至少有"法"与"开辟"二义，如何取舍，决定于上下文意。后郑不从先郑，取"开辟"之义。

---

① (汉)郑玄注，(唐)贾公彦疏，彭林整理《周礼注疏》，上海古籍出版社，2010年，第664页。

② 同上，第1243页。

“望文为义”看似简单，但稍不留神，就有可能犯下“望文生训”的错误。郭在贻曾在《训诂学》中谈道：“望文生训是古籍注释中最常见的一种弊病，就其表现形式而言，又可分为两种：一是因昧于古义而望文生训，二是因昧于字、词的假借义而望文生训。”[①]前者是由于时代变迁，字词的意义随之发生变化。许多古义大都消失或较少使用，疏家往往用其后起的意义或常用的意义进行训释，这样就会产生谬误。而假借是古书中的普遍现象，如果找不出某一假借字的本字，而用同声字亦即假借字进行训释，就会犯“以文害辞”的毛病，也就是望文为训。贾氏在义疏郑注时也难免此弊。如，《秋官・野庐氏》“凡道路之舟车轚互者，叙而行之”，郑注：“舟车轚互，谓于迫隘处也。车有辊辕、坻阁，舟有砥柱之属。其过之者，使以次叙之。”贾疏云：

> 云“轚互者”，谓水陆之道，舟车往来狭隘之所，更互相击，故云轚互者。[②]

孙诒让《周礼正义》云：“贾疏云：‘谓水陆之道，舟车往来，狭隘之所，更互相击，故云轚互者。’案：互，当与《脩闾氏》注‘障互’、《说文・辵部》‘迦互’义同，谓舟车相摩笮抵格。贾释为更互，

① 郭在贻《训诂学》，湖南人民出版社，1986 年，第 127 页。

② (汉)郑玄注，(唐)贾公彦疏，彭林整理《周礼注疏》，上海古籍出版社，2010 年，第 1412 页。

乃望文生训，非郑旨也。”[①]案，《脩闾氏》云：“掌比国中宿互柝者与其国粥，而比其追胥者而赏罚之。”郑注云：“故书互为巨。郑司农云：‘宿谓宿卫也。巨当为互，谓行马，所以障互禁止人也。’”贾疏云：“云‘掌比国中宿互柝’者，互，谓行马，所以为遮障。”依贾说，《脩闾氏》之“互”指行马，即阻拦人马通行的木制障碍物。《说文解字》卷二下：“迦互，令不得行也。从辵，枷聲。徐锴曰：‘迦互，犹犬牙，左右相制也。’古牙切。”[②]《说文》迦互，谓“令不得行”，意与其同。此“互”通于梐枑之“枑”。贾疏训“互”为“更互”，意为交替、轮流。可知“互”至少有二义：一为更互，交替也；一为行马，以为障碍也。结合经意，《野庐氏》之“互”训为行马似乎更合适。贾氏致误，盖因不明经、注之假借也，故孙氏云贾氏“望文生训，非郑旨也”。又如：《地官·司市》“凡市入，则胥执鞭度守门。市之群吏平肆展成奠贾”，郑注云：“奠读为定，整敕会者，使定物贾，防诳豫也。”贾疏云：

> 云“奠读为定”者，郑以为平成市，整敕会者，使定物价，恐有豫为诳欺，故云“防诳豫”。[③]

---

① (清)孙诒让撰，王文锦、陈玉霞点校《周礼正义》，中华书局，2013年，第2896页。

② (汉)许慎撰，陶生魁点校《说文解字》，中华书局，2020年，第110页。

③ (汉)郑玄注，(唐)贾公彦疏，彭林整理《周礼注疏》，上海古籍出版社，2010年，第520页。

孙氏《周礼正义》云:“贾疏云:‘恐有豫为诳欺,故云防诳豫。’王引之云:‘贾未解豫字之义,故云豫为诳欺。如贾说,则当言“豫诳”,不当言“诳豫”也。今案:豫亦诳也……说者皆读豫为凡事“豫则立”之豫,望文生义,失其传久矣。’案:王说是也。”[①]孙诒让引王氏说,认为豫有二义:第一,豫同“预”,预先,事先之义也;第二,豫即诳,欺骗也。贾氏致误,缘于不识“豫”之古义也,以后起且常用之义疏之,望文以为训,故失郑义。

## 本章小结

以上所举训诂方法,除“对文”法首见于唐代外,其余均曾在郑玄《周礼注》中出现过。其中有些方法在汉代即已流行,如“互文”“推约之法”“以今况古”等。贾疏将这些方法推而广之,运用于训释经、注之上,有的是郑注略有涉及尚未归纳而由贾疏总结成条例,并反过来指导训诂实践者,如“举外以包内”“望文为训”等。总的来说,在训诂方法上,贾疏对郑注申论有余而独创不足,只因《周礼疏》以郑为宗,义疏郑注乃其永恒主题。

① (清)孙诒让撰,王文锦、陈玉霞点校《周礼正义》,中华书局,2013年,第1064页。

# 第五章 《周礼疏》因袭旧说考

唐修经疏，大体沿袭南北朝之旧。贾疏是否也有因袭？若有因袭又袭自何处？准确回答这个问题对于客观评价贾氏礼学成就及地位至关重要。孙诒让《周礼正义·略例十二凡》云："贾疏盖据沈重《义疏》重修。"①孙氏自注曰："唐修经疏大都沿袭六朝旧本。贾疏原出沈氏，全书绝无援引沈义，而其移改之迹，尚可推案。"②台湾学者简博贤亦谈到了这个问题："贾公彦撰《周礼疏》，首论《周礼》兴废，盖实本于崔氏《三礼》兴废义，则贾疏固有取于崔氏《义宗》矣。特攘袭其义，而删削其名氏，故无从别择耶？"③《五经正义》虽也有隐没前朝旧义之举，但仍有像《礼记正义》《春秋左传正义》等明确标举前人旧疏者。反观《周礼疏》，对前朝旧疏绝无标引，在序中也丝毫不提前朝《周礼》义疏情况，似乎贾氏以一己之力而完成。南北朝旧疏亡佚殆尽，贾氏所据旧疏一概不传，欲窥见二者源流关系，难矣。幸

①② （清）孙诒让撰，王文锦、陈玉霞点校《周礼正义·略例十二凡》，中华书局，2013年，第2页。

③ 简博贤《今存南北朝经学遗籍考》，黎明文化事业股份有限公司，1975年，第178页。

运的是,孔颖达《礼记正义》中保留了相当多的前朝经师义疏。三礼本就相通,这为我们探究《周礼》贾疏渊源问题提供了可能。

## 第一节　因袭熊安生说

贾公彦之礼学渊源自北朝,其为熊安生之再传弟子。《旧唐书·儒学上》云:“张士衡……及长,轨思授以《毛诗》《周礼》,又从熊安生及刘焯受《礼记》,皆精究大义。此后遍讲《五经》,尤攻《三礼》。……士衡既礼学为优,当时受其业擅于时者,唯贾公彦为最焉。”张士衡从熊安生受《礼记》,贾氏又受礼学于张士衡。在讲究经学传统与师承的北朝,这层关系尤其值得重视。熊安生为北朝礼学集大成者。据《北史·儒林》本传,熊安生撰有《周礼义疏》二十卷、《礼记义疏》三十卷。然整部《周礼疏》中我们看不到贾氏对熊说有半点标举,但通过考察《礼记正义》所引熊说,可以发现《周礼疏》对熊说的征引绝不在少数。本节内容采取考论结合的方式,首先考察贾疏的来源,然后论述其因袭类型及特点。

### 一、因袭类型

贾氏因袭熊安生旧说可分为直接因袭、略有发挥、整合改造旧说三种,以下分别详述。

### (一) 直接因袭

直接因袭的例子占据了贾氏因袭熊安生义疏的大部分。这一类因袭基本上都是原文照录，表述如出一辙。如，《春官·大宗伯》“以肆献祼享先王，以馈食享先王，以祠春享先王，以禴夏享先王，以尝秋享先王，以烝冬享先王”，郑注云：“《郊特牲》曰：‘魂气归于天，形魄归于地，故祭所以求诸阴阳之义也。殷人先求诸阳，周人先求诸阴。’灌是也。祭必先灌，乃后荐腥荐孰。”贾疏云：

> 云“殷人先求诸阳，周人先求诸阴”者，此二代自相对，殷人先求诸阳，谓未灌先合乐。周人先求诸阴，谓未合乐先灌，故云求诸阴灌是也。引之者，欲见周人祭先灌之意。[1]

贾氏释郑注“殷人先求诸阳”，谓殷人合乐在前，灌地在后；“周人先求诸阴”谓周人灌地在先，合乐在后。《礼记·郊特牲》孔疏引熊安生之语亦云：“殷人先求诸阳，谓合乐在灌前，周人先求诸阴，谓合乐在灌后，与降神之乐别。”[2]贾氏因袭熊安生说之迹十分明显。又如，《秋官·大司寇》“正月之吉，始和布刑于邦国都鄙，乃县刑象之法于象魏，使万民观刑象，挟日而敛之”，贾疏云：

---

① (汉)郑玄注，(唐)贾公彦疏，彭林整理《周礼注疏》，上海古籍出版社，2010 年，第 662 页。

② (清)阮元校刻《十三经注疏》，中华书局，1980 年，第 1457 页。

> “敛之”者，天子敛藏于明堂，诸侯敛藏于祖庙，月月受而行之，谓之听朔。[①]

《礼记·礼运》孔疏引熊说云：“天子藏旧章于明堂，诸侯藏于祖庙。”[②]贾疏亦全本于熊安生说也。

除了此类较为明显的因袭外，尚有一些并不显见的袭用，但稍加考察便会发现，贾疏仍出自熊说。如，《春官·大司乐》“以乐舞教国子舞《云门》《大卷》《大咸》《大韶》《大夏》《大濩》《大武》”，郑注：“此周所存六代之乐。黄帝曰《云门》《大卷》。”贾疏云：

> 《乐记》云：“《大章》，章之也。”注云：“尧乐名也。《周礼》阙之，或作《大卷》。”又云：“《咸池》，备矣。”注云：“黄帝所作乐名也。尧增修而用之。《周礼》曰《大咸》。”与此经注乐名不同者，本黄帝乐名曰《咸池》，以五帝殊时，不相沿乐，尧若增修黄帝乐体者，存其本名，犹曰《咸池》，则此《大咸》也。若乐体依旧，不增修者，则改本名，名曰《大章》。故云《大章》尧乐也。周公作乐，更作《大卷》，《大卷》，则《大章》，章名虽尧乐，其体是黄帝乐，故此《大卷》一为黄帝乐也。周公以尧时存黄帝《咸池》为尧乐名，则更与黄帝乐

① (汉)郑玄注，(唐)贾公彦疏，彭林整理《周礼注疏》，上海古籍出版社，2010年，第1325页。

② (清)阮元校刻《十三经注疏》，中华书局，1980年，第1414页。

名立名，名曰《云门》，则《云门》与《大卷》为一名，故下文分乐而序之，更不序《大卷》也。[①]

《礼记·乐记》孔疏引熊氏云："知《大卷》当《大章》者，案《周礼》云'《云门》《大卷》'，《大卷》在《大咸》之上，此《大章》在《咸池》之上，故知《大卷》当《大章》。知周别为黄帝、尧名《云门》者，以此《乐记》唯云《咸池》《大章》，无《云门》之名。《周礼》，《云门》在六代乐之首，故知别为黄帝立《云门》之名也。知于《大卷》之上加《云门》者，以黄帝之乐，尧增修者既谓之《咸池》，不增修者别名《大卷》。明周为黄帝于不增修之乐别更立名，故知于《大卷》之上别加《云门》，是《云门》《大卷》一也。"[②]兹将贾、熊二家关于三代之乐因革之说表示如下：

**表一**

| | 黄帝乐 | 尧乐增修/不增修 | 周公乐不增修 |
|---|---|---|---|
| 熊安生说 | 咸池 | 咸池/大卷 | 云门、大卷 |
| 贾公彦说 | 咸池 | 咸池/大章 | 云门、大卷 |

依熊说，《咸池》是黄帝之乐，至尧之时，增修而用之，存其本名谓之《咸池》。尧不增修者则改名作《大卷》。至周公作乐，黄帝乐不增修者则改名作《云门》，即尧时之《大卷》也。名称虽异，体实则同。周公以尧时存黄帝《咸池》为尧乐名，则更与黄帝乐

① (汉)郑玄注，(唐)贾公彦疏，彭林整理《周礼注疏》，上海古籍出版社，2010年，第835页。

② (清)阮元校刻《十三经注疏》，中华书局，1980年，第1534页。

名立名，曰《云门》，则《云门》与《大卷》为一名。依贾说，周公作《大卷》，不增修乐体，只是改了名字，与尧之《大章》相同，实则仍为黄帝乐。因尧保存了黄帝乐，名《咸池》，故周公也要为黄帝乐立一周时的名字，故称《云门》。因熊氏已经指出"《大卷》当《大章》"，故贾说出自熊说无疑。

**（二）本于熊说又略有发挥**

除了直接因袭熊说，贾氏偶尔也会在熊说的基础上进行发挥。如，《春官·巾车》"及葬，执盖从车，持旌"，郑注云："从车，随柩路。持盖与旌者，王平生时车建旌，雨则有盖。今蜃车无盖，执而随之，象生时有也。所执者铭旌。"贾疏云：

> 云"所执者铭旌"者，将葬之旌，士有二旌，大夫已上皆有三旌。知者，以《既夕礼》是士礼，而有乘车所建旃，是摄盛，故用孤卿所建通帛之旃也。又有铭旌，以其士无遣车，故无廞旌也。大夫以上，有乘车所建旌，卿已上尊矣，无摄盛，以寻常所建旌。王则大常，孤卿建旃，大夫亦应摄盛用旃，是一也。又有廞旌，又有铭旌也。[1]

贾疏谓"大夫已上葬有三旌"，《檀弓》孔疏引熊安生说同。《礼记·檀弓》孔疏云："然则天子三旌也，士以礼无遣车，故无廞车之旌，但二旌耳。诸侯及大夫无文。熊氏以为大夫以上有遣

---

[1] （汉）郑玄注，（唐）贾公彦疏，彭林整理《周礼注疏》，上海古籍出版社，2010年，第1049页。

车,即有廞旌,并有三旌也。"[1]熊氏只是笼统地说以"三旌",贾氏则一一为其指实。据《礼记·檀弓》,三旌,一为铭旌,书死者姓名于其上,与柩同入于圹中;二为乘车之旌,不入圹中,随柩车而返;三为廞旌,即明器之旌,建于遣车之上,随明器入于圹中。因诸侯、大夫将葬之旌无文,贾氏据熊说"大夫以上有遣车,即有廞旌,并有三旌也"推演,谓大夫建旌,卿亦建旌,孤卿建旃,王建大常,此皆谓乘车之旌,是一也。大夫以上有遣车,故有廞旌,是二也。又有铭旌,是三也。又,《春官·大司乐》"凡乐,圜钟为宫,黄钟为角,大蔟为徵,姑洗为羽,靁鼓靁鼗,孤竹之管,云和之琴瑟,《云门》之舞,冬日至,于地上之圜丘奏之,若乐六变,则天神皆降,可得而礼矣。凡乐,函钟为宫,大蔟为角,姑洗为徵,南吕为羽,灵鼓灵鼗,孙竹之管,空桑之琴瑟,《咸池》之舞,夏日至,于泽中之方丘奏之,若乐八变,则地示皆出,可得而礼矣。凡乐,黄钟为宫,大吕为角,大蔟为徵,应钟为羽,路鼓路鼗,阴竹之管,龙门之琴瑟,《九德》之歌,《九磬》之舞,于宗庙之中奏之,若乐九变,则人鬼可得而礼矣",贾疏云:

> 言六变、八变、九变者,谓在天地及庙庭而立四表,舞人从南表向第二表为一成,一成则一变。从第二至第三为二成,从第三至北头第四表为三成。舞人各转身南向,于北表之北,还从第一至第二为四成,从第二至第三为五成,从第三至南头第一表为六成,则天神皆降。若八变者,更

① (清)阮元校刻《十三经注疏》,中华书局,1980年,第1284页。

> 从南头北向第二为七成，又从第二至第三为八成，地祇皆出。若九变者，又从第三至北头第一为九变，人鬼可得礼焉。此约周之《大武》，象武王伐纣，故《乐记》云："且夫《武》始而北出，再成而灭商。三成而南，四成而南国是疆，五成而分陕，周公左，召公右，六成复缀以崇。"①

贾氏用《礼记·乐记》说《大武》"六成"之义释此经"六变""八变""九变"之文，亦袭用熊氏之义。《礼记·乐记》孔疏引熊氏云："'且夫《武》，始而北出'者，谓初舞位最在于南头，从第一位而北出者。次及第二位稍北出者。熊氏云：'则前云三步以见方，见一成也。作乐一成而舞，象武王北出观兵也。''再成而灭商'者，谓作乐再成，舞者从第二位至第三位，象武王灭商，则与前文再始以著往为一也。'三成而南'者，谓舞者从第三位至第四位，极北而南反，象武王克纣而南还也。'四成而南国是疆'者，谓《武》曲四成舞者，从北头第一位却至第二位，象武王伐纣之后，南方之国于是疆理也。'五成而分周公左、召公右'者，从第二位至第三位，分为左右，象周公居左，召公居右也。'六成复缀以崇'者，缀，谓南头初位，舞者从第三位南至本位，故言复缀以崇。崇，充也。谓六奏充其《武》乐，象武王之德充满天下。此并熊氏之说也，而皇氏不云次位。舞者本在舞位之中，但到

① (汉)郑玄注，(唐)贾公彦疏，彭林整理《周礼注疏》，上海古籍出版社，2010年，第846—847页。

六成而已。”[①]孔疏说“六成”之文皆援引熊氏之义，贾氏则据以说“六变”之义。为方便比较，兹列表如下：

**表二**

| | 熊安生（六成） | 贾公彦（九变） |
|---|---|---|
| 一成 | 南头第一位至第二位 | 南头第一表至第二表 |
| 二成 | 第二位至第三位 | 第二表至第三表 |
| 三成 | 第三位至北头第四位 | 第三表至北头第四表 |
| 四成 | 北头第四位退至第三位 | 北头第四表退至第三表 |
| 五成 | 第三位退至第二位 | 第三表退至第二表 |
| 六成 | 第二位退至南头第一位 | 第二表退至南头第一表 |
| 七成 | | 南头第一表至第二表 |
| 八成 | | 第二表至第三表 |
| 九成 | | 第三表至北头第四表 |

因熊氏只训释了“六成”之义，贾氏又依“六成”说推演至“八成”“九成”，以释经“八变”“九变”之文。然熊氏说“六成”之义不妨成为一家之说，贾氏用彼“六成”说释此“六变”，甚至“八变”“九变”之义，则不免牵强。

### （三）整合改造熊说

对于前辈的礼说，贾氏并非原封不动一味袭用，而是根据所疏需要，对旧说加以改造，或有所发挥，或有所整合。虽然改造是局部的、细微的，也体现了贾氏的礼学思考。《天官·宫正》“大丧，则授庐舍，辨其亲疏贵贱之居”，郑注云：“亲者贵者

① （清）阮元校刻《十三经注疏》，中华书局，1980年，第1542页。

居倚庐，疏者贱者居垩室。《杂记》曰：‘大夫居庐，士居垩室。’”贾疏云：

> 彼是诸侯之臣，其大夫居庐，士居垩室，彼注“士居垩室，亦谓邑宰也。朝廷之士亦居庐”，引之者，证贵者居庐，贱者居垩室，一边之义耳。其实彼诸侯礼，不辨亲疏贵贱，而别其远近，并为天子之臣也。①

《礼记·杂记上》孔疏所引熊说也涉及了这个问题：

> 若天子，则大夫居庐，士居垩室，则《杂记》言是也。若诸侯，则朝廷大夫、士皆居庐也。邑宰之士，居垩室。宫正之注是也。②

比较三家说法，大同小异：郑注认为，诸侯之大夫居庐，士居垩室；天子之士，若与王亲贵，亦居庐，否则居垩室。熊氏认为，天子之大夫居庐，士垩室；诸侯之大夫、士皆庐，邑宰之士居垩室。贾疏认为，天子之士，若与王亲贵，亦居庐，否则居垩室；诸侯之大夫、士皆居庐也，不分别。贾氏既不依郑，亦不从熊，而是各取半边之义：于天子礼取郑注，于诸侯礼取熊说。再如，《天

① （汉）郑玄注，（唐）贾公彦疏，彭林整理《周礼注疏》，上海古籍出版社，2010年，第105页。

② （清）阮元校刻《十三经注疏》，中华书局，1980年，第1550页。

官·笾人》“馈食之笾，其实枣、栗、桃、干䕩、榛实”，贾疏云：

此谓朝践荐腥后，堂上更体其犬豕牛羊，烹孰之时，后先，谓之馈食之笾也。其八笾者，其实枣一也，栗二也，桃三也，干䕩谓干梅，四也，榛实五也。其于八笾，仍少三。案干䕩既为干梅，经中桃是湿桃，既有湿桃、干梅，明别有干桃，则注引《内则》桃诸，郑云是其干者。既有湿桃，明有湿梅可知。以干桃湿梅二者，添五者为七笾。案桃梅既并有干湿，则枣中亦宜有干湿，复取一，添前为八也。必知此五者之中有八者，案《仪礼·特牲》《少牢》，士二笾二豆，大夫四笾四豆，诸侯宜六，天子宜八。《醢人》馈食之豆有八，此馈食之笾言六，不类。又上文朝事之笾言八，下加笾亦八，岂此馈食在其中六乎？数事不可，故以义参之为八。[1]

《礼记·郊特牲》孔疏引熊安生说此经云：

干䕩之中有桃诸、梅诸。则为六物实六笾也。[2]

此经郑注云，“干䕩，干梅也。有桃诸、梅诸，是其干者”。依郑

① (汉)郑玄注，(唐)贾公彦疏，彭林整理《周礼注疏》，上海古籍出版社，2010年，第180页。

② (清)阮元校刻《十三经注疏》，中华书局，1980年，第1446页。

注，干藤，指干梅，熊氏则认为干藤包括干梅和干桃，与郑氏不同。故其认为，实笾有六物，分别为“干桃、干梅、枣、栗、湿桃、榛实”。贾疏则认为，实笾有八物。贾氏发挥郑注“干藤，干梅也”，认为经中所谓的桃是湿桃。干藤既然为干梅，就一定有干桃。既然有湿桃，就必定有湿梅。既然桃、梅都分干湿，那么枣也应该有干湿。又据上下经文及《仪礼》，豆笾数均为八。故推论，实笾八物为干枣、湿枣、栗、干桃、湿桃、干梅、湿梅、榛实。贾氏综合了郑注与熊说，并合理推论，提出了不同于二家的观点。这些细微的申论与发明，体现了贾氏的礼学思考。

## 二、因袭特点

### (一) 以熊说为宗

熊安生为北朝礼学的集大成者，加之贾氏为熊氏的再传弟子，贾疏对熊说相当尊信。当熊说与他说同时出现时，贾氏无一例外地依从熊说。如，《春官・司几筵》“凡吉事变几，凶事仍几”，郑注云：“凶事，谓凡奠几，朝夕相因，丧礼略”，贾疏云：

> 云“凶事，谓凡奠”者，即上文“凡丧事右素几”是也。此文见凡奠几相因不易之意。案：《檀弓》云“虞而立尸，有几筵”者，据大夫士而言。案《士丧礼》，大敛即有席。而云虞始有筵者，以其几筵相将连言，其实虞时始有几，其筵大敛即有也。天子诸侯礼大，初死几筵并有，故上云“凡丧

> 事，设苇席，右素几”也。[①]

据贾说，天子、诸侯初死，几筵并有；大夫、士大敛时有筵，虞祭时始有几。贾疏即本于熊安生说。《礼记·曾子问》孔疏引熊说云：

> 天子、诸侯在殡宫则有几筵，大夫、士大敛有席，虞始有几。然殡宫几筵为朝夕之奠，常在不去。今更特设几于殡东，当明世子是继体之贵，故于常几筵之外，别特设之。[②]

依熊说，天子、诸侯初死停在殡宫，有几筵；大夫、士大敛始有席，虞祭始有几。贾氏与熊安生说完全相同。皇侃于此亦有说云：“《周礼》天子下室丧奠有素几，不云殡宫有几，而诸侯虽无文，当与天子同。而大夫士，葬前下室并无几，降于人君也。并葬后殡宫皆有几。人君未葬前，而于下室有素几，其殡宫无几。今世子生既告，权移下室之几于殡东，告于继体，异常日。”[③]皇氏谓天子、诸侯未葬前于下室设素几，殡宫则无。大夫士未葬，下室无几。既葬，殡宫有几。皇说与熊说略异，贾则取熊说而舍皇说。又，《秋官·大行人》“以九仪辨诸侯之命，等诸臣之

① (汉)郑玄注，(唐)贾公彦疏，彭林整理《周礼注疏》，上海古籍出版社，2010年，第760页。

②③ (清)阮元校刻《十三经注疏》，中华书局，1980年，第1389页。

爵；以同邦国之礼，而待其宾客。上公之礼，执桓圭九寸，缫藉九寸，冕服九章，建常九斿，樊缨九就，贰车九乘，介九人，礼九牢，其朝位宾主之间九十步，立当车轵，摈者五人，庙中将币三享，王礼再裸而酢，飨礼九献，食礼九举，出入五积，三问三劳"，贾疏云：

"贰车九乘"者，案《觐礼记》云"偏驾不入王门"。郑云："在傍与己同曰偏，同姓金路，异姓象路，四卫革路，蕃国木路。"此等不入王门，舍于馆，乘墨车龙旂以朝。彼据《觐礼》。觐礼天子不下堂而见诸侯，故诸侯不得申偏驾。今此春夏受贽在朝，无迎法，亦应偏驾不来。今行朝后，行三享在庙，天子亲迎，并申上服，明乘金路之等。……此谓行朝礼在朝讫，乃行三享在庙，乃有此迎宾之法也。①

依贾说，则天子亲迎诸侯之礼不在行朝时，而在行朝后庙行三享之时。关于天子在朝与庙有无迎法，崔灵恩与熊安生分别有说，但并不相同。《礼记·曲礼下》孔疏引崔灵恩说云：

诸侯春夏来朝，各乘其命车至皋门外陈介也。天子车时在大门内，传辞既讫，则乘车出大门下车。若升朝之时，王但迎公，自诸侯以下则随之而入，更不别迎也。入至文

① （汉）郑玄注，（唐）贾公彦疏，彭林整理《周礼注疏》，上海古籍出版社，2010年，第1447—1448页。

王庙门，天子还服朝服，立于路门之外。诸侯更易服朝服，执贽而入应门而行礼，故王当宁以待诸侯次第而进，故云“序进”。谓入应门，诸公东面，诸侯西面。[1]

崔灵恩认为，诸侯来朝，王有车迎之法，升朝有迎公之礼，庙中三享亦有迎宾之仪。《礼记·曲礼下》孔疏引熊说云：

若熊氏之义，则朝无迎法，唯享有迎诸侯之礼。[2]

熊安生则认为庙中三享有迎法，但朝无迎法。虽然崔氏论说周详，言之成理，熊说仅简单一句，但贾氏仍力主熊说。

熊氏义疏亦以郑注为宗，故贾氏对熊说尊信度相当高，若说与郑注等量齐观也丝毫不为过。但凡有熊说处，贾氏常不质疑。例如，《天官·笾人》“朝事之笾，其实麷、蕡、白、黑、形盐、膴、鲍鱼、鱐”，郑注云：“玄谓以《司尊彝》之职参之，朝事谓祭宗庙荐血腥之事。”贾疏云：

祭宗庙无血，郑云荐血腥者，郑注《论语》亦云：“禘祭之礼，自血腥始。”皆谓毛以告纯，血以告杀。是为告杀时有血，与朝践荐腥同节，故连言血耳，非谓祭血也。[3]

---

①② (清)阮元校刻《十三经注疏》，中华书局，1980年，第1265页。

③ (汉)郑玄注，(唐)贾公彦疏，彭林整理《周礼注疏》，上海古籍出版社，2010年，第179页。

又《春官·司尊彝》疏云：

> 《礼器》云“郊血，大飨腥”，则享祭宗庙无血。此云“荐血腥”者，谓肉，非谓如别荐血也。[①]

贾疏谓，祭宗庙无血。释郑注“荐血腥”为肉中带血，非荐血之仪。《礼记·礼器》“郊血，大飨腥，三献爓”条下，孔疏引熊氏义疏与贾义相同：

> 宗庙之祭无血，郑注《论语》云，禘祭之礼，自血腥始者，谓腥肉有血。[②]

同卷孔疏又引皇侃说云：

> 此据设之先后，郊则先设血也，后设腥与爓、孰，虽以郊为主，其祭天皆然也；大飨之时，血与腥同时俱荐，当朝事迎尸于户外，荐血、腥也，虽以大飨为主，其宗庙之祭皆然也；其三献之祭，血、腥与爓一时同荐。凡荐爓之时，皆在荐腥之后，但社稷五祀初祭降神之时已埋血，《宗伯》之文是也。至正祭荐爓之时又荐血，此文是也。若群小祀之

---

① (汉)郑玄注，(唐)贾公彦疏，彭林整理《周礼注疏》，上海古籍出版社，2010年，第747页。

② (清)阮元校刻《十三经注疏》，中华书局，1980年，第1439页。

> 属，唯有荐孰，无血、腥、爓也，以其神卑故耳。[1]

依皇氏义，大飨、三献等宗庙之祭，皆有荐血之节，此与熊说相左。皇、熊二说之后，孔疏案语云：

> 今案《诗·小雅》论宗庙之祭云："执其鸾刀，以荐其毛，取其血膋。"则是有用血之明文也，熊氏云"无血"，其义非也。[2]

虽然孔疏认为熊义为非，但贾氏仍执着于熊说"祭宗庙无血"之论。《礼记正义》成书早于《周礼疏》，且撰著时贾氏亦曾参与其事，故对于孔疏的观点不可能不熟稔。结合以上三例来分析，贾氏唯熊说马首是瞻，绝不仅仅是学说优劣选择这般简单，重视师承与门派传统才是关节所在，而这正是自汉以来，经学传承中最为重要的特色。

### （二）偏主礼制礼例

贾氏袭用旧说，有线索可按者，礼制内容占据绝大部分，其中又以祭礼为最。此外，丧礼、服制也有很大分量。《四库全书总目》卷十九经部礼类一《周礼注疏删翼》条下有云："《周礼》一书，得郑注而训诂明，得贾疏而名物制度考究大备。"[3]对贾疏特点概括得十分到位。郑注虽然也有阐明礼制礼例之处，然其

---

①② （清）阮元校刻《十三经注疏》，中华书局，1980 年，第 1439 页。

③ （清）永瑢等《四库全书总目》，中华书局，1965 年，第 155 页。

重点仍在文字、名物训诂上。贾疏之所以能在礼制、礼例上对郑注进行申说、发明，得益于前朝丰富的礼学义疏著作。

《天官·大宰》“及纳亨，赞王牲事”，郑注云：“纳亨，纳牲，将告杀。谓乡祭之晨，既杀以授亨人。”贾疏云：

> 云“谓乡祭之晨”者，案《檀弓》云“周人大事以日出”，故知纳亨是乡祭之晨。此祭天，无祼，故先迎牲；若宗庙之祭，有祼，而后迎牲也。[①]

贾氏谓“此祭天无祼，故先迎牲”亦本于熊说。《礼记·曾子问》孔疏引熊安生云：“郊社五祀，祭初未迎尸之前，已杀牲也。以其无灌故也。”[②]郊指祭天，社指祀地。无论祭天还是祀地，皆无祼礼，此为贾氏因袭熊氏祭礼说。又，《春官·司服》“凡凶事，服弁服”，郑注云：“服弁，丧冠也。其服，斩衰、齐衰。”贾疏云：

> 天子诸侯绝傍期，正统之期犹不降，故兼云齐衰。其正服大功，亦似不降也。《大功章》曰“適妇”，注云“適子之妇”。传曰：“何以大功也？不降其適也。”既无所指斥，明关之天子诸侯也。又《服问》云：“君所主，夫人妻、大子嫡妇。”既言君所主，服不降也。如是，则为嫡孙之妇，又当小

① （汉）郑玄注，（唐）贾公彦疏，彭林整理《周礼注疏》，上海古籍出版社，2010 年，第 64 页。

② （清）阮元校刻《十三经注疏》，中华书局，1980 年，第 1394 页。

功。今注止云斩衰、齐衰者，以其正服齐衰，是不降之首。然则王为適子斩衰，其为適孙、適曾孙、適玄孙、適来孙，则皆齐衰。《不杖章》云“適孙”，传曰：“何以期也？不敢降其適也。有適子者无適孙，孙妇亦如之。”①

郑注之义，正统之丧以齐衰为不降差之首，故天子“为適子斩衰，其为適孙、適曾孙、適玄孙、適来孙，则皆齐衰”，为嫡子服斩衰，为其余“孙”字辈皆降一等服齐衰，无有差别。贾氏认为，大功亦为不降差，故引《大功章》云，为嫡子之妻服丧与嫡子一样，服大功；引《服问》云，天子主夫人妻、太子、嫡妇之丧，明三者之丧服亦相同无降差，嫡子与嫡妇同服。相较于嫡子服大功，“孙”字辈皆降一等，服小功，嫡孙之妻不降差，亦服小功。《礼记正义》孔疏引熊安生说当为贾说所本：“天子为正统丧，適妇大功，適孙之妇小功。”②与熊说相比，贾说虽有所扩展，但沿袭之迹明显。此为贾氏因袭熊氏丧服之说。又，《夏官·旅贲氏》“凡祭祀、会同、宾客，则服而趋”，郑注云：“会同、宾客，王亦齐服，服衮冕，则此士之齐服，服玄端。”贾疏云：

若士助祭服爵弁，此为会同，故齐服服玄端。③

① （汉）郑玄注，（唐）贾公彦疏，彭林整理《周礼注疏》，上海古籍出版社，2010年，第796页。

② （清）阮元校刻《十三经注疏》，中华书局，1980年，第1629页。

③ （汉）郑玄注，（唐）贾公彦疏，彭林整理《周礼注疏》，上海古籍出版社，2010年，第1205页。

贾说“齐服服玄端”亦本于熊安生也。《礼记》孔疏引熊安生说云：“其天子之祭，玄冕祭，则玄冠齐；絺冕祭，则玄冕齐；以次差之可知也……若士助王祭祀，服爵弁，若助王受朝觐，齐服则服玄端。”[①]据熊安生“若士助王祭祀，服爵弁，若助王受朝觐，齐服则服玄端”，朝觐即会同也。此为服制上因袭熊说。

如果将散见于各篇中关于同一礼制问题的经文及注文贯穿起来，综合考察，并进行规律性总结，这便是礼例。礼例的总结，对于经、注的理解会起到“举一纲而万目张”的功效。熊氏作疏时善于总结礼例，贾疏也很好地继承了这一点。《惠半农先生礼说序》曾言，贾氏《周礼疏》“半用六朝礼例”[②]。证之以实例，此言不虚。如，《春官・大宗伯》“以禋祀祀昊天上帝，以实柴祀日、月、星、辰，以槱燎祀司中、司命、飌师、雨师。以血祭祭社稷、五祀、五岳，以狸沈祭山林、川泽，以疈辜祭四方百物，以肆献祼享先王，以馈食享先王，以祠春享先王，以禴夏享先王，以尝秋享先王，以烝冬享先王”，贾疏云：

> 从禋祀已下至此吉礼十二，皆歆神始。何者？案：《大司乐》分乐而序之云“乃奏黄钟，歌大吕，舞《云门》，以祀天神”已下。下复云“圜钟为宫，若乐六变，天神皆降。若乐八变，地示皆出。若乐九变，人鬼可得而礼”。郑云：“天神

---

① (清)阮元校刻《十三经注疏》，中华书局，1980年，第1477页。

② (清)阮元撰，邓经元点校《揅经室集》，中华书局，1993年，第239页。

则主北辰，地祇则主昆仑，人鬼则主后稷。先奏是乐以致其神，礼之以玉而祼焉。”彼先奏是乐以致其神，则天神、地祇、人鬼，皆以乐为下神始也。彼郑云“礼之以玉”，据天地；“而祼焉”，据宗庙。则此上下天神言烟，地示言血，此宗庙六享言祼，是其天地宗庙，皆乐为下神始，烟血与祼为歆神始也。又案：《礼器》与《郊特牲》，皆言“郊血，大享腥，三献焖，一献熟”者，皆是荐馔始也。以其郊是祭天而言用血，大享是祫祭先王而言用腥，三献是社稷而言用焖，一献是祭群小祀而言用熟与？此是其先，彼是其后，后为荐馔可知，故郊言血，大享言腥，三献言焖，一献言熟也。[①]

贾氏谓，祀天、祭地及享宗庙皆以乐为下神始；烟、血与祼为天、地、宗庙歆神始；血、焖、腥为天、地、宗庙荐馔始。贾氏此说与《礼记·郊特牲》孔疏引熊氏说完全一致：

凡大祭并有三始：祭天，以乐为致神始，以烟为歆神始，以血为陈馔始。祭地，以乐为致神始，以腥为歆神始，以血为陈馔始。祭宗庙，亦以乐为致神始，以灌为歆神始，以腥为陈馔始。[②]

---

① (汉)郑玄注，(唐)贾公彦疏，彭林整理《周礼注疏》，上海古籍出版社，2010年，第663页。

② (清)阮元校刻《十三经注疏》，中华书局，1980年，第1457—1458页。

如果说二家有区别的话，熊说是以天、地、宗庙三祭为单位，分别说三始；贾说则以三始为单位，合起说三祭。此处，熊氏对祭天、祭地、祭宗庙三祭之下神、歆神、陈馔等环节所行礼、乐进行了总结，贾疏照例全部继承下来。

再如，《春官·司几筵》“凡大朝觐、大飨射，凡封国、命诸侯，王位设黼依，依前南乡，设莞筵纷纯，加缫席画纯，加次席黼纯，左右玉几。祀先王、昨席，亦如之。诸侯祭祀席蒲筵缋纯，加莞席纷纯，右雕几。昨席莞筵纷纯，加缫席画纯。筵国宾于牖前亦如之，左彤几”，贾疏云：

> 案：《礼记·礼器》云：“天子之席五重，诸侯三重。”今天子唯三重，诸侯二重者，彼云五重者，据天子大祫祭而言。若禘祭当四重，时祭当三重，皆用此三重席耳。故此唯见三重席也。[1]

依贾疏，祫禘大祭、时祭及酢席，皆用三种席，即莞筵纷纯、缫席画纯、次席黼纯，但筵席之层数因级别及场合而异：天子大祫祭用五重席，禘祭四重席，时祭三重席。《礼记·礼器》孔疏引熊氏说“筵席”与贾氏一致：“天子祫祭席五重，此文是也。禘则宜四重也，时祭三重，司几筵职是也。受神酢席亦然，大朝觐、大

---

[1] (汉)郑玄注，(唐)贾公彦疏，彭林整理《周礼注疏》，上海古籍出版社，2010年，第758页。

飨食、封国、命诸侯皆然。”①按熊氏说，天子祫祭席五重，可据此推论出上公四重，诸侯三重；天子禘祭席四重，可推论出上公三重，诸侯二重，时祭亦依此类推。贾氏说天子诸侯用席之制全依熊说。

## 第二节 因袭崔灵恩说

崔灵恩，南北朝时经学家。曾先仕北魏太常博士，天监十三年归梁。后聚徒讲学，听者常数百人。尤精《三礼》《三传》，撰有《三礼义宗》三十卷，该书广为后世治礼者征引。又有《集注毛诗》二十二卷、《集注周礼》四十卷、《左氏经传义》二十二卷、《左氏条例》十卷、《公羊穀梁文句义》十卷，可惜诸书皆佚。其学说散见于《礼记正义》《通典》《太平御览》《玉海》《毛诗疏》等著作中。马国翰《玉函山房辑佚书》所辑崔氏《三礼义宗》佚文若干条，其与《礼记正义》所引崔说一起，成为本书考察贾氏因袭崔说之依据。

崔氏治经的特点，就现存佚文来看，“基本以郑玄为宗，立论往往申明郑注、驳难他说……又注重文字训诂，好引纬书并杂有阴阳五行。……虽然在一定程度上体现了南北融合之倾向，但相较之下，北学特色更为明显”②。相比熊氏义疏，贾氏因袭崔灵恩说明显少了很多，其因袭仍以直接袭用为主，偶有

① (清)阮元校刻《十三经注疏》，中华书局，1980年，第1432页。
② 焦桂美《南北朝经学史》，上海古籍出版社，2009年，第254页。

发挥、改造之处。

## 一、直接因袭

《天官·大宰》“正月之吉,始和布治于邦国都鄙,乃县治象之法于象魏,使万民观治象,挟日而敛之”,贾疏云:

> 至建寅之正月,乃县治象之法于雉门象魏,使万民共观治象。“挟日”者,从甲至甲,凡十日。敛,藏之于明堂,于后月月受而行之,谓之告朔也。[①]

经只云“县治象之法于象魏”,并未指明象魏具体位置。贾疏乃云“县治象之法于雉门象魏”,谓象魏在雉门外。“象魏”即“观阙”,贾说“雉门象魏”实本于崔灵恩。《玉海·宫室》引《三礼义宗》云:“雉门,雉,施也。其上有观阙以藏法,故以施布政教为名也。《周礼》曰‘乃垂治象之法于象魏’。”[②]然贾说又谓,治象之法供万民观览后,要“敛,藏之于明堂”,这与崔说“观阙以藏法”,即观阙之中收藏政教之法不同。可见贾疏本于崔说,又有所去取。

再如,《夏官·射人》“掌国之三公、孤、卿、大夫之位,三公

---

① (汉)郑玄注,(唐)贾公彦疏,彭林整理《周礼注疏》,上海古籍出版社,2010年,第56—57页。

② (宋)王应麟《玉海》,广陵书社,2003年,第3093页。

北面，孤东面，卿、大夫西面”，贾疏云：

> 三公特北面者，君南面答阳，臣之北面答君，三公，臣中最尊，故屈之使北面，答君之义。孤东面者，西方者宾位，以孤无职，尊而宾客之，故在西也。卿大夫西面者，以其皆有职，故在东，在东近君，居主位也。[1]

贾氏天子之臣列朝位疏实本于崔灵恩。《玉海·礼仪》引《三礼义宗》云：“每朝列位所向不同，其三公之位，常北面不变者，以三公内臣位尊，故屈之。其余诸侯、孤、卿、大夫皆以地道尊右，故尊者东面，卑者西面。于外朝，诸侯东面。于内朝，孤卿东面（注：时无诸侯故也）。”[2]崔氏说天子臣列朝之位，有内朝与外朝之别，贾氏根据经文内容择取内朝说。疏释公卿大夫列朝位背后之礼义，基本出自崔氏之义。又，《天官·酒正》“辨五齐之名，一曰泛齐，二曰醴齐，三曰盎齐，四曰缇齐，五曰沈齐”，郑注云：“玄谓齐者，每有祭祀，以度量节作之”，贾疏云：

> “玄谓齐者，每有祭祀，以度量节作之”，谓祭有大小，齐有多少。谓若祫祭备五齐，禘祭备四齐，时祭备二齐，是

① (汉)郑玄注，(唐)贾公彦疏，彭林整理《周礼注疏》，上海古籍出版社，2010 年，第 1173 页。

② (宋)王应麟《玉海》，广陵书社，2003 年，第 1317 页。

以度量节作之。①

贾疏谓,大袷祭用泛、醴、盎、醍、沈五齐酒,大禘祭用醴、盎、醍、沈四齐酒,四时祭用醍、沈二齐酒。又,《春官·司尊彝》贾疏云:

> 王酳尸因朝践之尊醴齐,尸酢王还用醴齐。后酳尸用馈献之尊盎齐,尸酢后还用盎齐。以王与后尊,得与神灵共尊。今宾长臣卑,酳尸虽得与后同用盎,及尸酢,宾长即用罍尊三酒之中清酒以自酢,是不敢与王之神灵共酒尊故也。②

大禘祭,王与后用醴齐、盎齐献尸毕,尸回酢,王与后皆用前所献之齐酒自酢;宾长献尸毕,尸回酢,宾长以其位卑,则以三酒中之清酒自酢。以上二疏,贾氏皆本于崔灵恩义。《礼记·礼运》孔疏引崔灵恩说云:"崔氏云,《周礼》大袷,于大庙则备五齐、三酒。朝践,王酌泛齐,后酌醴齐。馈食,王酌盎齐,后酌醍齐。朝献,王酌泛齐。因朝践之尊,再献,后酌醍齐。因馈食之尊,诸侯为宾,则酌沈齐。尸酢,王与后皆还用所献之齐。宾长酳尸,酢用清酒,加爵亦用三酒。大禘则用四齐、三酒者,醴齐

① (汉)郑玄注,(唐)贾公彦疏,彭林整理《周礼注疏》,上海古籍出版社,2010年,第163页。

② 同上,第749页。

以下悉用之。故《礼运》云：'玄酒在室，醴醆在户，粢醍在堂，澄酒在下。'用四齐者，朝践，王酌醴齐，后酌盎齐。馈食，王酌醍齐，后酌沈齐。朝献，王酌醴齐，再献，后还酌沈齐。亦尊相因也。诸侯为宾，亦酌沈齐，用三酒之法，如祫礼也。四时之祭，唯二齐三酒，则自祫禘以下至四时祭，皆通用也。二齐，醴、盎也。故郑注《司尊彝》四时祭法，但云醴、盎而已。用二齐者，朝践，王酌醴齐，后亦酌醴齐。馈食，王酌盎齐，后亦酌盎齐。朝献，王还用醴齐，再献，后还用盎齐，亦尊相因也。"①崔灵恩论大祫、大禘、四时祭，王与后朝践、馈食、朝献所用齐酒之制，系统而完备，贾氏亦一再引用，《春官·司尊彝》"掌六尊、六彝之位，诏其酌，辨其用与其实"，郑注云："位，所陈之处。"贾疏云：

> 云"位，所陈之处"者，此下经不见陈尊之处。案：《礼运》云："玄酒在室，醴盏在户，齐醍在堂。"彼是禘祭陈四齐，此下时祭陈二齐，设尊亦依此也。②

"禘祭陈四齐，此下时祭陈二齐，设尊亦依此"亦用崔说之义也。

## 二、略有发挥

《春官·巾车》"王后之五路：重翟，钖面朱总；厌翟，勒面缋

① (清)阮元校刻《十三经注疏》，中华书局，1980年，第1416页。

② (汉)郑玄注，(唐)贾公彦疏，彭林整理《周礼注疏》，上海古籍出版社，2010年，第745页。

总;安车,雕面鹥总,皆有容盖”,郑注云:“重翟,后从王祭祀所乘。厌翟,后从王宾飨诸侯所乘。安车无蔽,后朝见于王所乘,谓去饰也。《诗·国风·硕人》曰‘翟蔽以朝’,谓诸侯夫人始来,乘翟蔽之车,以朝见于君,盛之也。此翟蔽盖厌翟也。然则王后始来乘重翟乎?”贾疏云:

> 引“《诗·国风·硕人》曰‘翟蔽以朝’,谓诸侯夫人始来,乘翟蔽之车,以朝见于君,盛之也。此翟蔽盖厌翟也”者,彼是卫侯之夫人,当乘厌翟,则上公夫人亦厌翟。以其王姬下嫁于诸侯,车服不继于其夫,下王后一等,不得乘重翟,则上公与侯伯夫人,皆乘厌翟可知。若子男夫人,可以乘翟车,至于祭祀及嫁皆乘之。云“然则王后始来乘重翟乎”者,王姬下嫁,下后一等,及诸侯夫人,皆乘厌翟,则王后自然始来乘重翟可知。若然,王之三夫人与三公夫人同乘翟车,九嫔与孤妻同乘夏篆,二十七世妇与卿妻同乘夏缦,女御与大夫妻同乘墨车,士之妻摄盛亦乘墨车,非嫁摄盛,则乘栈车也。诸侯已下夫人,祭祀、宾飨、出桑、朝君,差之皆可知也。若然,诸侯夫人亦当有安车以朝君也。[①]

贾氏诸侯夫人初嫁不得上摄以及侯伯以下夫人初嫁可上摄一等之义本于崔灵恩说。《毛诗正义·何彼襛矣》孔疏引崔灵恩

---

① (汉)郑玄注,(唐)贾公彦疏,彭林整理《周礼注疏》,上海古籍出版社,2010年,第1036—1037页。

说云："二王之后夫人各乘本国先王之上车，鲁之夫人乘重翟。知者，以鲁夫人服袆衣，与王后同，故知车亦同也。其同姓异姓侯伯夫人皆乘厌翟，子男夫人乘翟车，所用助祭、飨宾、朝见各依差次。其初嫁之时，侯伯以下夫人所乘车皆上摄一等，知者，以士妻乘墨车，上摄大夫之车故也。崔又一解云，诸侯夫人初嫁不得上摄，以其逼王后故也，卿大夫之妻得上摄一等。"①依崔说，诸侯夫人初嫁不得上摄，故侯伯夫人皆乘厌翟。侯伯以下夫人初嫁时，乘车可上摄一等。故士妻乘墨车，上摄大夫之车也。贾氏所谓"以其王姬下嫁于诸侯，车服不系于其夫，下王后一等，不得乘重翟"，即崔氏"诸侯夫人初嫁不得上摄"之义。贾氏继而疏云："王之三夫人与三公夫人同乘翟车，九嫔与孤妻同乘夏篆，二十七世妇与卿妻同乘夏缦，女御与大夫妻同乘墨车，士之妻摄盛亦乘墨车，非嫁摄盛，则乘栈车也。"贾氏借崔说而有所发挥，推约出公、卿、大夫、士之妻所乘车之制，其"士之妻摄盛亦乘墨车"之疏亦用崔氏"其初嫁之时，侯伯以下夫人所乘车皆上摄一等，知者，以士妻乘墨车，上摄大夫之车故也"之义。

## 三、有所改造

《春官·大史》"闰月，诏王居门终月"，贾疏云：

---

① (清)阮元校刻《十三经注疏》，中华书局，1980年，第293页。

> 明堂、路寝及宗庙，皆有五室、十二堂、四门。十二月听朔于十二堂，闰月各于时之门，故大史诏告王居路寝门。若在明堂告事之时，立行祭礼，无居坐之处。若在路寝堂与门，听事之时，各居一月，故云居门终月。[①]

孙诒让《周礼正义》解释贾说云："王每月听朔于南郊之明堂，而反居路寝，路寝与明堂同制，皆有五室十二个四门，以应五行，十二月各随其月而居，闰月则各居其当方之门。"[②]然贾氏"十二月听朔于十二堂"本于崔氏之义也。《太平御览·时序部》引《三礼义宗》云："天子诸侯宫寝之制，若春气三月之中居正寝，退息之时常居东北之寝，三月之末土王之日则居中寝，夏之三月则居东南之寝，秋之三月则居西南之寝，冬之三月则居西北之寝，此三时后土王之日亦各居中寝以从时气。"[③]清人于鬯论崔说云："此与《月令》所言尤相印合。其言东北、东南、西南、西北者，即居青阳左个，明堂左个，总章左个，玄堂左个也。其言三月之中居正寝者，即居青阳、明堂、总章、玄堂也。其言三月之末土王之日则居中寝者，即居大庙大室也。土王之日居大庙大室，明土未王之日居青阳右个，明堂右个，总章右个，玄堂右

① (汉)郑玄注，(唐)贾公彦疏，彭林整理《周礼注疏》，上海古籍出版社，2010年，第1001页。

② (清)孙诒让撰，王文锦、陈玉霞点校《周礼正义》，中华书局，2013年，第2088页。

③ (宋)李昉等《太平御览》，中华书局，1960年，第92页。

个矣。"[1]于鬯所言明堂之制亦十二月轮流居之之义。"十二月听朔于十二堂"本于崔氏之义,而"闰月各于时之门"又袭用皇侃之义。《礼记·玉藻》孔疏引皇氏云:"明堂有四门,即路寝亦有四门。闰月各居其时当方之门。"[2]贾氏于此并非简单袭用崔灵恩说或皇侃说,而是整合了崔、皇二家之说,自出己意。

## 本章小结

虽然贾疏于崔灵恩礼说有所发挥,甚至还有些融合改造,但总体而言,贾氏用崔灵恩之义仍以直接因袭为主。对于熊安生之说,贾氏则不遗余力地承袭,所以我们看到贾疏用熊说最多。对于崔灵恩之说,贾氏多了一些批判,即使直接因袭,亦有取有舍。

---

① (清)于鬯《香草校书》,中华书局,2000 年,第 598 页。

② (清)阮元校刻《十三经注疏》,中华书局,1980 年,第 1473 页。

# 第六章　《周礼疏》对后世《周礼》学的影响

若想客观评价贾疏在《周礼》学史上的地位与影响，仅考察其在唐代的情况是不够的，必须跳出时代的局限，用历史的眼光才能看得分明。自宋至清，曾陆续出现一批为《周礼》作注作疏的著作，这类著作或多或少会涉及贾疏。清季孙诒让之后，《周礼》便再无注疏之作问世。故本章拟于宋、明、清时期各选一部代表性的《周礼》学著作，对贾疏在后世的影响情况作一番考察。

虽然贾公彦为《周礼》作了疏，但《周礼》在唐代仍不为士人所重。"开元八年七月，国子司业李元瓘上言：'三礼、三传及《毛诗》《尚书》《周易》等，并圣贤微旨。生人教业，必事资经远，则斯道不坠。今明经所习，务在出身，咸以《礼记》文少，人皆竞读。《周礼》经邦之轨则，《仪礼》庄敬之楷模，《公羊》《穀梁》，历代宗习，今两监及州县以独学无友，四经殆绝，事资训诱，不可因循。其学生请各量配作业，并贡人参试之，日习《周礼》《仪礼》《公羊》《穀梁》，并请帖十通五，许其入策。以此开劝，即望四海均习，九经该备。'从之。"①此段材料说明，在开元时期，《周礼》《仪礼》等四经研习乏人，不得不靠朝廷奖诱才能维持。《周礼》本经不受重视，贾疏也势必受到冷落。马宗霍在论述中唐之经学特点时云："盖自大历而后，经学新说日昌。初则难疏，继则难注，既则难传，于是离传言经。所谓犹之楚而北行，马虽疾而去愈远矣。"②则当时之经学已开宋代以义理说经之先河。

## 第一节　《周礼疏》对王与之《周礼订义》的影响

两宋时期，《周礼》研究以本经为主，偏重于挖掘经文义理。"自唐之孔颖达、贾公彦疏章郑注以成《三礼正义》，而礼学久定一宗。顾宋儒好创新解，故相违异，而始作之俑者，当推临川王安石介甫。贾公彦以前，说《周礼》者明典制；王安石而后，说《周礼》者阐义理。"③郑注权威地位不再，研究者或舍郑注，或驳郑注。王安石《周礼新义》，依经析义，不据郑注；陈祥道著《礼书》一百五十卷，每多驳斥郑玄之说；杨复《三礼图》亦常驳郑注。郑注地位尚且如此，更遑论以郑为宗之贾疏了。此外，王昭禹的《周礼详解》、胡铨的《周礼传》、黄度的《周礼说》、叶时

① (唐)杜佑《通典》，中华书局，1988 年，第 355 页。

② 马宗霍《中国经学史》，上海书店，1984 年，第 105 页。

③ 钱基博《经学通志》，广西师范大学出版社，2009 年，第 121—122 页。

的《礼经会元》、易祓的《周礼总义》、郑伯谦的《太平经国之书》、朱申的《周礼句解》、王与之的《周礼订义》等书，亦多以议论经义见长。其中王与之《周礼订义》80卷，浓缩了宋人研究《周礼》的精华，对宋代《周礼》研究的成果进行了总结，故本书选其作为贾疏对宋代《周礼》学影响的代表进行研究。

关于王与之，《宋史》并无专传，《宋元学案》中也无他的有关记载。作为宋代普通儒生中的一员，其生平事迹几近湮没无闻。“王与之，字次点，从松溪陈氏学，尽传六典要旨，遂著《订义》八十卷”[①]，“大约生活于南宋孝宗、光宗、宁宗、理宗四朝”[②]。《四库全书总目》论《周礼订义》（以下简称《订义》）云：“所采旧说凡五十一家，然唐以前仅杜子春、郑兴、郑众、郑玄、崔灵恩、贾公彦等六家，其余四十五家则皆宋人。凡文集语录无不搜采。盖以当代诸儒为主，古义特附存而已。德秀称郑贾诸儒，析名物，辩制度，不为无功，而圣人微旨终莫之睹。惟洛之程氏，关中之张氏，独得圣经精微之蕴。永嘉王君，其学本于程张云云，盖以义理为本，典制为末，故所取宋人独多矣。”[③]《四库全书总目》传递了两个信息：第一，《订义》所采旧说以宋代为主；第二，《订义》以“义理为本，典制为末”。这不仅是王氏治《周礼》的特点，也是整个宋代的治经风气。即便如此，王氏所引贾疏仍旧不在少数。据夏微《〈周礼订义〉研究》统计，王与

① (明)佚名《永乐乐清县志》，香港天马图书有限公司，2000年，第174页。

② 夏微《〈周礼订义〉研究》，四川大学博士论文，2008年，第19页。

③ (清)永瑢等《四库全书总目》，中华书局，1965年，第152页。

之在《周礼订义》中引用贾公彦《周礼疏》共计一千三百七十三条，是《周礼订义》征引诸家学说规模仅次于汉郑玄、宋郑锷，居第三位的。分析宋人对贾疏的取舍态度，可以帮助我们了解贾疏影响宋代《周礼》学的实际情况，对于准确评价其在宋代礼学史中的地位十分重要。

## 一、《订义》甄采贾疏类型

### （一）名物训诂

关于名物训诂，黄金贵认为："所谓名物，'物'也包括事，就是物事。"[①]本书采用黄文的定义，将名物训诂分为名物与物事两类论述。

1. 物训

《天官·玉府》"共王之服玉、佩玉、珠玉"，《订义》云：

> 郑康成曰：佩玉者，王之所带也。《玉藻》曰："君子于玉比德焉。天子佩白玉而玄组绶。"《诗传》曰："佩玉，上有葱衡，下有双璜、冲牙，玭珠以纳其间。"贾氏曰：佩玉佩于革带之上，《玉藻》所言佩白玉，谓衡、璜、琚、瑀。玄组绶谓用玄组绦穿连衡璜等，使相承受。《韩诗传》所云上有葱衡者，衡，横也，谓葱玉为横梁也。下有双璜冲牙者，谓以组悬于衡之两头，两组之末皆有半璧曰璜。又以一组悬于衡之中央，于末着衡牙，使前后触璜也。

① 黄金贵《初谈名物训诂》，《语言研究》2011年第4期。

案《毛诗传》衡璜之外又有琚瑀，琚瑀所置，当于悬冲牙组之中央，又以二组穿于琚瑀之内角，斜系于璜也。玭珠纳其间者，组绳有五，皆穿珠于其间也。[①]

此贾氏论佩玉之形制，《订义》一一保留。又，《地官·大司徒》“以土会之法辨五地之物生……四曰坟衍，其动物宜介物，其植物宜荚物，其民皙而瘠”，《订义》云：

郑氏曰：……荚物，荠荚王棘之属。贾氏曰：荠荚即今人谓之皂荚。盖误云皂，当言荠也。王棘即《士丧礼》云“王棘若檡棘”者是也。棘虽无荚，盖树之枝叶与荠荚相类，故并言之。[②]

此贾疏论荠荚、王棘之物，《订义》亦引贾疏为说。又，《春官·司服》“凡吊事，弁绖服”，《订义》云：

郑康成曰：……弁绖者，如爵弁而素加环绖。贾氏曰：爵弁之形，以木为体，广八寸，以三十升布染为爵头色，赤多黑少。今为弁绖之弁，其体亦然，但不用爵色之布，用素为之。[③]

此贾氏论弁绖之形制，《订义》亦据以为说。

---

① (宋)王与之《周礼订义》卷十，文渊阁《四库全书》影印本第93册，台湾“商务印书馆”，1986年，第164页。

② 同上，卷十五，第238页。

③ 同上，卷三十六，第596页。

2. 事训

《地官·乡师》“若国大比，则考教、察辞、稽器、展事，以诏诛赏”，《订义》云：

> 贾氏曰：“稽器”谓考乡中礼乐兵器等。……贾氏曰：“展事”谓行事展省视之知其善恶。[①]

贾疏释“稽器”“展事”皆为事训，《订义》引以为据。又，《地官·大司徒》“而辨其邦国都鄙之数，制其畿疆而沟封之”，《订义》云：

> 贾氏曰：沟封者，谓于疆界之上设沟，沟上为封树以为阻固。郑云封起土界者穿沟出土于岸即皆为封也。[②]

贾疏释“沟封”亦为事训。

**（二）解释经义**

但凡贾疏探究经之深义，解释经文所以为然者，《订义》大都引用。如，《天官·司会》“以九贡之法致邦国之财用，以九赋之法令田野之财用，以九功之法令民职之财用，以九式之法均节邦之财用。掌国之官府、郊野、县都之百物财用，凡在书契版

① (宋)王与之《周礼订义》卷十八，文渊阁《四库全书》影印本第93册，台湾“商务印书馆”，1986年，第298页。

② 同上，卷十五，第236页。

图者之贰，以逆群吏之治，而听其会计”，《订义》云：

> 贾氏曰：《大宰》九赋一曰邦中，二曰四郊，此不言邦中而言官府者，以官府在邦中，故举以表之，其实官府不出赋。[①]

此章贾疏，《订义》只取此一句。此句解释本应言邦中而言官府者，因官府就在邦中，故借官府以代邦中。又，《地官·闾胥》“凡春秋之祭祀、役政、丧纪之数，聚众庶；既比，则读法，书其敬敏任恤者”，《订义》云：

> 贾氏曰：族师以上官尊，读法虽稀稠不同，皆有时节，闾胥官卑于民为近，读法无有时节，但是聚众庶比之时即读法，故云既比则读法。[②]

贾氏解释为何既比时读法，因为闾胥官卑离百姓为近，但凡聚众庶比之时节则读法，《订义》采之。又，《地官·州长》“若以岁时祭祀州社，则属其民而读法，亦如之”，《订义》云：

> 贾氏曰：上云岁时，皆谓岁之四时，此云岁时，惟春秋二时耳。春祭社以祈膏雨，望五谷丰熟。秋祭社以百谷丰

---

① （宋）王与之《周礼订义》卷十一，文渊阁《四库全书》影印本第93册，台湾“商务印书馆”，1986年，第174页。

② 同上，卷十九，第320页。

稔，所以报功，故云祭祀州社。[①]

贾氏解释此处“岁时”的特殊含义，仍属于不说不明者，故《订义》采之。

### （三）申论注义

和释经一样，但凡贾疏解释郑注所以为然，探寻郑注深义者，《订义》皆采录，表现为郑注对于同一物事所训前后不同或与他经不同，贾疏通常会为之疏通证明，王氏《订义》于此征引较多。如，《天官·典丝》“颁丝于外内工，皆以物授之”，郑康成曰：“外工，外嫔妇也。内工，女御。”《订义》云：

> 贾氏曰：上《典妇功》授嫔妇功，郑以为九嫔世妇。此注内工直云女御者，案《内宰》教女御作二事，《九嫔》教九御以妇职，则女御专于丝枲，九嫔世妇，四德自备，不常为丝枲，假使为之，以其善事所造，惟典妇功以共王及后所用，不在典丝典枲。[②]

贾疏解释了《典妇功》郑注嫔妇包含九嫔、世妇，此注不言嫔妇只言女御的原因，属于解释郑注所以不同的原因，《订义》采用。又如，《天官·世妇》“掌吊临于卿大夫之丧”，郑康成曰：“王使

---

① （宋）王与之《周礼订义》卷十九，文渊阁《四库全书》影印本第93册，台湾“商务印书馆”，1986年，第308页。

② 同上，卷十三，第214页。

往吊。”《订义》云：

> 贾氏曰：案《司服》公卿大夫皆王亲吊之，此又使世妇者，盖使世妇致礼物，但吊是大名，虽致礼亦名为吊，是以《大仆》云“掌三公六卿之吊劳”。注云，王使往。《小臣》云“掌士大夫之吊劳”。注云，致礼同名为吊是其事也。[①]

贾疏解释了卿大夫之丧，王应亲吊而未亲吊，派世妇往吊之由，即申郑注“王使往吊”之义，《订义》采之。

除了申论本经郑注前后不同处，贾疏亦阐发本经郑注与他经郑注不同之义。《女御》“大丧，掌沐浴”，郑康成曰：“王及后之丧。”《订义》云：

> 贾氏曰：王及后丧沐用潘，浴用汤，始死为之于南牖下，但男子不死于妇人之手，今王之丧亦使女御浴者。案《士丧礼》，浴时男子抗衾，则不使妇人。今王之丧沐或使妇人，而浴未必妇人，或亦供给汤物而已，亦得谓之掌。[②]

贾氏援引《士丧礼》以证“男子不死于妇人之手”，但郑注认为王丧亦使女御。贾氏申郑认为，女御仅仅是提供沐浴之物而已，

---

① （宋）王与之《周礼订义》卷十三，文渊阁《四库全书》影印本第93册，台湾“商务印书馆”，1986年，第208页。

② 同上，第209—210页。

非妇人亲为之沐浴，《订义》因此采用。又，《地官·小司徒》“乃均土地，以稽其人民而周知其数。上地家七人，可任也者家三人；中地家六人，可任也者二家五人；下地家五人，可任也者家二人”，《订义》云：

> 贾氏曰：案《王制》，上农夫食九人，其次食八人，次食七人，次食六人，次食五人。彼言五等，此言七、五、六、三等，其人不同，故郑云有夫有妇乃成家，自二人至十人为九等，二人、三人、四人是下地三等，五人、六人、七人是中地三等，八人、九人、十人是上地三等。此经唯言七、六、五者，据中地三等，则知有上地、中地、下地三等。[①]

此处《订义》于郑注皆不取，然所采贾疏则为申论注之义。贾氏所谓“二人、三人、四人是下地三等，五人、六人、七人是中地三等，八人、九人、十人是上地三等。此经唯言七、六、五者，据中地三等”正是对郑注“正以七人、六人、五人为率者，有夫有妇然后为家，自二人以至于十，为九等，七、六、五者为其中”的申发，故《订义》采之。

**（四）阐发礼制仪节**

贾疏善于以典制明训诂，故礼制礼仪也是《订义》采用贾疏之大端。如，《天官·内宰》“大祭祀，后祼献，则赞，瑶爵亦如

---

① （宋）王与之《周礼订义》卷十七，文渊阁《四库全书》影印本第93册，台湾“商务印书馆”，1986年，第276—277页。

之”,《订义》云:

贾氏曰:已上三事,内宰皆佐后,裸时以璋瓒授后,献时以玉爵授后,故云赞也。瑶爵亦如之,后亚王而酳尸,则内宰以瑶爵授后,亦赞之也。[①]

内宰赞后以裸、献之事郑玄并未出注,贾疏较为完整地解释了内宰赞襄王后进行裸及献之仪节,此为本章经文重点,《订义》采用贾疏,意即在此。

又,《地官·牛人》“丧事,共其奠牛”,《订义》云:

贾氏曰:丧中自未葬已前无尸,饮食直奠停置于神前,故谓之奠。朝夕之奠,无尊卑,皆脯醢酒而已,无牲体。殷,大也。唯小敛、大敛、朔月、月半、荐新、祖奠及遣奠时有牲体。大遣奠亦有马牲。[②]

此说朝夕奠之礼,《订义》亦采之。

贾氏释经、注,亦擅于总结礼例,《春官·司几筵》“依前南乡,设莞筵纷纯,加缫席画纯,加次席黼纯”,《订义》云:

---

① (宋)王与之《周礼订义》卷十二,文渊阁《四库全书》影印本第93册,台湾“商务印书馆”,1986年,第192页。

② 同上,卷二十,第337页。

贾氏曰:依前南面以下席三重也,凡敷席之法,初在地者一重,即谓之筵,重在上者,即谓之席,已下皆然,故序官注云,敷陈曰筵,藉之曰席,《礼器》云天子之席五重,诸侯三重,今此天子惟三重者,五重据祫祭而言,若禘祭当四重,时祭皆用此三重。[1]

贾疏总结敷席之法,《订义》于此亦悉加采用。

**(五)阐明章义及结构**

贾疏训释经文习惯先分析篇章结构、概括章义。三百六十职官之首,通常都会有这样的内容。《订义》于此不尽取,只是根据需要采择。

1. 分析结构者

《天官·大宰》“正月之吉,始和布治于邦国都鄙”,《订义》云:

贾氏曰:自此以下,皆谓施前事条也。[2]

此经以上总陈八法、八则、八柄、八统、九职、九赋、九式、九贡、九两之事,此经以下详述所陈九事,则《订义》采贾疏是为厘析章节结构。又,《地官·遗人》“掌邦之委积,以待施惠”,《订

① (宋)王与之《周礼订义》卷三十四,文渊阁《四库全书》影印本第93册,台湾“商务印书馆”,1986年,第564页。

② 同上,卷三,第54页。

义》云：

> 贾氏曰：此与下为总目。[1]

此章总述“掌邦之委积”，此章以下，分述乡里之委积、门关之委积、郊里之委积、野鄙之委积、县都之委积，故云“与下为总目”。又，《夏官·职方氏》“东南曰扬州”，《订义》云：

> 贾氏曰：自此以下陈九州之事。总为三道。先从南起，周改《禹贡》，以徐、梁二州合之于雍、青，分冀州地以为幽、并。东南曰扬州，次正南曰荆州，周之西南不置州，统属雍州，即次河南曰豫州，为一道也。次正东曰青州，次河东曰兖州，次正西曰雍州，为二道。又次东北曰幽州，次河内曰冀州，次正北曰并州，为三道。[2]

贾疏将九州分为三道论述：先南，包括东南、正南、西南及河南；次东西，包括正东、河东、正西；再北，包括东北、河内、正北。此亦分析章节结构者。

2. 概括章义者

《秋官·小行人》“及其万民之利害为一书，其礼俗政事教

① （宋）王与之《周礼订义》卷二十一，文渊阁《四库全书》影印本第93册，台湾“商务印书馆”，1986年，第355页。

② 同上，卷五十六，第94册，第159页。

治刑禁之逆顺为一书，其悖逆暴乱作慝犹犯令者为一书，其札丧凶荒厄贫为一书，其康乐和亲安平为一书。凡此五物者，每国辨异之，以反命于王，以周知天下之故"，《订义》云：

> 贾氏曰：此总陈《小行人》使适四方，所采风俗善恶之事。各各条录，别为一书，以报上也。此五者，上二条，条别善恶俱有，故利害逆顺并言。"其悖逆"一条，专陈奸寇之事。"其札丧"一条，专陈凶祸之事。"其康乐"一条，专陈安泰之事。[①]

又，《考工记·序官》"天有时，地有气，材有美，工有巧。合此四者，然后可以为良"，《订义》云：

> 贾氏曰：此一段言工虽巧，不得天时地气，材之美者则不良。[②]

## 二、《订义》甄采贾疏的方式

《订义》并非原封不动地甄采贾疏，而是进行了一定的剪裁、编辑，其主要手法有打乱语序重新编排、经疏与注疏合一

① (宋)王与之《周礼订义》卷六十八，文渊阁《四库全书》影印本第94册，台湾"商务印书馆"，1986年，第334页。

② 同上，卷七十，第386页。

等，下面分别论述。

**（一）打乱贾疏语序重新编排**

《天官·内宰》“凡丧事，佐后使治外内命妇，正其服位”，《订义》云：

> 贾氏曰：夏、殷之礼，爵命不及于士；周之礼，上士三命，中士再命，下士一命。夫尊于朝，妻荣于室。则士妻亦为命妇可知。不言三夫人，三夫人从后，不在治限。①

《订义》本于贾氏释注之疏。然王氏于贾疏只取此二句，且颠倒了二句先后顺序。贾疏原文云：“以外内命妇卑，故内宰不自治之，故经云使，明使其属之上士治之。云‘内命妇，谓九嫔世妇女御’者，以其对外命妇，故知内命妇是九嫔已下可知也。不言三夫人者，三夫人从后，不在治限，故不言也。司农云‘王命其夫，后命其妇’者，先郑见《礼记·玉藻》云‘君命屈狄’，是子男夫人，彼是后命之，明王朝之臣，亦王命其夫，后命其妇可知。‘玄谓士妻亦为命妇’者，夏、殷之礼，爵命不及于士。周之礼，上士三命，中士再命，下士一命，夫尊于朝，妻荣于室，明士妻亦为命妇可知。若然，《丧服》命夫命妇皆据大夫，不含士者，彼据降服不降服为说，故唯据大夫为命夫，其妻为命妇，不及士

① （宋）王与之《周礼订义》卷十二，文渊阁《四库全书》影印本第93册，台湾“商务印书馆”，1986年，第194页。

也。”[①]贾疏是按照郑注由尊及卑的顺序进行训释，故三夫人虽属例外，亦放在士妻之前；《订义》则是先言内命妇之实际范围，然后再言属例外情况的三夫人。贾氏、王氏皆能言之成理。又，《天官・内竖》“王后之丧迁于宫中，则前跸。及葬，执亵器以从遣车”，《订义》云：

> 郑康成曰：……亵器，振饰颒沐之器。贾氏曰：案《特牲》为尸而有槃匜，并有箪巾，巾为振饰，槃匜为盥手，明其颒面沐发亦有之。然《玉府》“亵器”郑注以为清器虎子，与此不同者，彼据生时，故与床笫连文，若死者器物虽皆不用，仍法其威仪，故此注为振饰颒沐之器，不为清器虎子。[②]

王氏节取贾氏释注之疏，将原疏引《玉府》在前《特牲》在后之序颠倒。贾疏原文云：“云‘亵器，振饰颒沐之器’者，以其从遣车，若生时从后。后之私亵小器，唯有振饰颒沐之器，故为此解也。若然，《玉府》云‘凡亵器’，郑注以为清器虎子，不为振饰颒沐器者，彼据生时，故与床笫等连文。但死者器物，虽皆不用，仍法其威仪者，故此注亵器为振饰颒沐之器，不为清器虎子也。知有振饰颒沐器者，案《特牲》，为尸而有槃匜，并有箪巾，巾为振饰，槃匜为盥手，明其颒面沐发亦有之，故《既夕礼》用器之中有

① (汉)郑玄注，(唐)贾公彦疏，彭林整理《周礼注疏》，上海古籍出版社，2010 年，第 248 页。

② (宋)王与之《周礼订义》卷十二，文渊阁《四库全书》影印本第 93 册，台湾“商务印书馆”，1986 年，第 204 页。

槃匜，是送葬之时有亵器也。”①

此《内竖》之亵器据王后丧时，只有振饰颒沐之器。而《玉府》郑注谓亵器为清器，彼据生时也。贾氏一向以疏通本经郑注及与他经郑注间之不同为要务，故其首先想到的是疏通郑注间的不协，再引《郊特牲》，证送葬之时亦有振饰颒沐器。《订义》则先引《郊特牲》说证送葬时有振饰颒沐器，以与《内竖》郑注互相参证，再引《玉府》郑注生时之亵器，以疏通郑之疑义，亦可通。

**（二）将贾氏经疏与注疏合一**

贾氏释经与释注本分作二途，各自为训。王氏《订义》则将贾氏之经疏与注疏视为一个整体，常常根据训释内容，将经之疏与注之疏糅合到一起。如，《天官・大宰》“及纳亨，赞王牲事”，《订义》云：

> 郑康成曰：纳亨，纳牲，将告杀，谓向祭之晨，既杀以授亨人。贾氏曰：《礼器》云“纳牲诏于庭”，杀讫，毛以告纯，血以告杀，腥其俎，豚解以腥之。以此讫，乃纳与亨人，燗祭。此言纳亨者，以牵牲也。《明堂位》君肉袒迎牲于门，卿大夫赞君。赞王牲事者，即卿大夫赞币一人也。②

① （汉）郑玄注，（唐）贾公彦疏，彭林整理《周礼注疏》，上海古籍出版社，2010年，第259—260页。

② （宋）王与之《周礼订义》卷三，文渊阁《四库全书》影印本第93册，台湾“商务印书馆”，1986年，第57—58页。

我们首先来看贾氏分别训释经及注之文。贾氏释经原文云："及，犹至也。至纳亨者，案《礼记·明堂位》，君肉袒迎牲于门，卿大夫赞君，及杀讫，纳与亨人，故言'纳亨'。云'赞王牲事'者，即是卿大夫赞币一人也。"贾氏释注原文云："云'纳亨，纳牲，将告杀'者，谓牵牲入时也。《礼器》云'纳牲诏于庭'，杀讫，毛以告纯，血以告杀，腥其俎，肫解而腥之。以此讫，乃纳与亨人，焖祭。此言纳亨者，以牵牲也。"①《礼器》文为贾氏释郑注之疏，《订义》采之以释"纳亨"，《明堂位》文为贾氏释经文之疏，《订义》采之以释"赞王牲事"。贾氏经之疏与注之疏本为互补，只是限于体例，故经、注分释。《订义》则根据需要将二者糅为一体。又，《秋官·小行人》"合六币：圭以马，璋以皮，璧以帛，琮以锦，琥以绣，璜以黼。此六物者，以和诸侯之好故"，《订义》云：

> 郑康成曰：合，同也。六币，所以享也。贾氏曰，对上文六者是朝时所用也。此六者之中有圭以马，璋以皮，二者本非币，云六币者，二者虽非币帛，以用之当币处，故总号为币。②

贾氏释经原文云："此亦小行人至诸侯之国也。此六者之中，有

① (汉)郑玄注，(唐)贾公彦疏，彭林整理《周礼注疏》，上海古籍出版社，2010年，第63—64页。

② (宋)王与之《周礼订义》卷六十八，文渊阁《四库全书》影印本第94册，台湾"商务印书馆"，1986年，第329页。

圭以马，璋以皮，二者本非币，云‘六币’者，二者虽非币帛，以用之当币处，故总号为币也。此六言合，以两两相配，配合之义，故言合也。”贾氏释郑注原文云：“云‘合，同’者，配合即是和同故也。云‘六币，所以享也’者，对上文六者是朝时所用也。”①案，“对上文六者是朝时所用也”是贾氏释注之文，“上文六者”指上一章公及五等诸侯所执六种圭璧。此为贾氏分析篇章结构。“此六者之中”部分是贾氏释经之文。

宋人研究《周礼》，多以义理解经，打破了郑玄《周礼注》、贾公彦《周礼疏》久定一宗之学术格局。《订义》便具有典型的宋人治经的风格，即不再过多纠缠于名物制度的训诂，而是直探经典制作之精义，以发明圣人之道。其所采贾疏之“名物训诂”“解释经义”“申论注义”“阐明章义及结构”等内容，皆为方便阐发经义要旨而服务。在这样的时代风气下，《周礼》郑注，尤其是贾疏，便难以避免被边缘化的命运。

## 第二节　《周礼疏》对王志长《周礼注疏删翼》的影响

“元明之礼学本于宋人，而均不及宋人”②，然亦有可称道者。元代毛应龙《周官集传》16 卷，参考诸家训说，引据颇博。

① (汉)郑玄注，(唐)贾公彦疏，彭林整理《周礼注疏》，上海古籍出版社，2010 年，第 1463 页。

② 钱玄《三礼通论》，南京师范大学出版社，1996 年，第 63 页。

宋以来诸儒散佚之说，借其得以存崖略。明代王志长《周礼注疏删翼》30卷，立足郑注贾疏，间采宋以后之说，时有发明。二书均被收入《四库全书》。本书选取王志长《周礼注疏删翼》为代表，分析贾疏对明代《周礼》学的影响情况。

王志长，字平仲，昆山人，万历中举人。《明史·文苑传》附志长于其兄王志坚传中，称其亦深于经学。著有《周礼注疏删翼》《仪礼注疏删翼》《毛诗注疏删翼》等。《周礼注疏删翼》(以下简称《删翼》)虽以郑注贾疏为根柢，然宋、明以来以议论为宗、以义理解经的治经风格也影响到了《删翼》一书。《四库全书总目》论其书云："是书于郑注贾疏，多刊削其繁文，故谓之删。又杂引诸家之说以发明其义，故谓之翼。周礼一书，得郑注而训诂明，得贾疏而名物制度考究大备，后有作者弗能越也。周、张、程、朱诸儒，自度征实之学，必不能出汉唐上。故虽盛称周礼，而皆无笺注之专书。其传于今者，王安石、王昭禹始推寻于文句之间。王与之始脱略旧文，多辑新说。叶时、郑伯谦始别立标题，借经以抒议，其于经义，盖在离合之间。于是考证之学渐变为论辩之学，而郑贾几乎从祧矣。志长此书，亦多采宋以后说，浮文妨要，盖所不免，而能以注疏为根柢，尚变而不离其宗。且自朱、申以后，苟趋简易，以叙官为无用而删之，经遂有目无纲。俞庭椿、邱葵以后又多骋臆见，窜乱五官，以补冬官之亡，经遂更无完简。沿及明代，弥逐颓波，破碎支离，益非其旧。志长能恪遵古本，亦为力遏横流。在经学荒芜之日，临深为高，亦可谓研心古义者矣。惠栋作精华录训纂，因金荣误引其文，遂并以村书诋志长，乃相轻已甚之词，不必尽允也。”①《郑堂读书记》亦云：“而翼以诸家之说，故曰《删翼》。自序以为后儒诸书，苟足发明重民之微意者，必缀于后，非是勿取也。故其所取者，大抵以议论为宗，而不免乎浮文妨要，有类永乐《礼记大全》。然于经文，尚能一仍相传旧本，而无变乱章句之失，则过人远矣。”②虽然以议论为宗，浮文妨要，但在驳郑、舍郑甚至疑经的大时代背景下，《删翼》于《周礼》经文，一仍旧本，解经以郑注贾疏为根柢，实属难能可贵。

## 一、《删翼》对注疏取舍原则

《删翼》一书对郑注基本保留，可以看出王氏对于郑注比较尊信；至于贾疏，则去留各半。贾疏关于名物及制度的训释基本被保留，至于标明经、注起讫之语，相关例证，解释郑注之因及折中诸郑注不相协等为疏而疏的内容则基本被删去。

### （一）对郑注的取舍

王氏《删翼》基本保留郑注，删去的主要有以下几类：

1. 郑注之例证

郑注所用例证有两种，一种是引他例以助训释，此为郑注训释之一部分；一种援他例以证事实。对于后者，《删翼》基本删去。如：《春官·大宗伯》“以禬礼哀围败”，《删翼》云：

---

① （清）永瑢等《四库全书总目》，中华书局，1965 年，第 155 页。

② （清）周中孚《郑堂读书记》，上海书店出版社，2009 年，第 41 页。

【注】同盟者合会财货，以更其所丧。①

其实，《删翼》并没有援引完整。郑注原文为："同盟者合会财货，以更其所丧。《春秋》襄三十年冬，会于澶渊，宋灾故，是其类。"②郑注解释完经文，还举了《春秋左传》的一个例子，但《删翼》只取郑注结论而舍掉了例证。又，《春官·大宗伯》"以禋祀祀昊天上帝，以实柴祀日、月、星、辰，以槱燎祀司中、司命、飌师、雨师"，《删翼》云：

【注】禋之言烟，周人尚臭，烟，气之臭闻者。槱，积也。③

郑注原文为："禋之言烟，周人尚臭，烟，气之臭闻者。槱，积也。《诗》曰：'芃芃棫朴，薪之槱之。'"④同样，《删翼》删掉了郑注所引《诗经》的例证。

2. 郑注之文字校勘

《考工记·轮人》"望而视其轮，欲其幎尔而下迆也。进而视之，欲其微至也。无所取之，取诸圜也"，《删翼》云：

---

① （明）王志长《周礼注疏删翼》卷十二，文渊阁《四库全书》影印本第97册，台湾"商务印书馆"，1986年，第355页。

② （汉）郑玄注，（唐）贾公彦疏，彭林整理《周礼注疏》，上海古籍出版社，2010年，第665页。

③ （明）王志长《周礼注疏删翼》卷十二，文渊阁《四库全书》影印本第97册，台湾"商务印书馆"，1986年，第347页。

④ （汉）郑玄注，（唐）贾公彦疏，彭林整理《周礼注疏》，上海古籍出版社，2010年，第646页。

【注】轮谓牙也。幎，均致貌。进犹行也。微至，至地者少也。非有他也，圜使之然也。[①]

郑注原文如下："轮谓牙也。幎，均致貌也。进犹行也。微至，至地者少也。非有他也，圜使之然也。郑司农云：'微至，书或作"危至"，故书圜或作员，当为圜。'"[②]先郑将故书之"危至"校勘为"微至"，"员"校勘为"圜"，后郑亦认为是，故引之。但《删翼》只取按正字所作之训释，不取先郑文字校勘的内容。又，《春官·司服》"大丧，共其复衣服、敛衣服、奠衣服、廞衣服，皆掌其陈序"，《删翼》云：

【注】奠衣服，今坐上魂衣也。郑司农云："廞，陈也。"玄谓廞衣服，所藏于椁中。[③]

郑注原文云："奠衣服，今坐上魂衣也。故书'廞'为'淫'。郑司农云：'淫读为廞，廞，陈也。'玄谓廞衣服，所藏于椁中。"[④]故书"廞"作"淫"，先郑校"淫"为"廞"，并训"廞"义为"陈也"。后郑

① （明）王志长《周礼注疏删翼》卷二十七，文渊阁《四库全书》影印本第97册，台湾"商务印书馆"，1986年，第831页。

② （汉）郑玄注，（唐）贾公彦疏，彭林整理《周礼注疏》，上海古籍出版社，2010年，第1536页。

③ （明）王志长《周礼注疏删翼》卷十三，文渊阁《四库全书》影印本第97册，台湾"商务印书馆"，1986年，第429页。

④ （汉）郑玄注，（唐）贾公彦疏，彭林整理《周礼注疏》，上海古籍出版社，2010年，第808页。

认为先郑所校是也,故从之。《删翼》但取其先郑义训,将文字校勘部分删去。

3. 郑注不从先郑者

《天官·掌舍》“掌王之会同之舍。设梐枑再重”,《删翼》云:

【注】杜子春谓梐枑谓行马。玄谓行马再重者,以周卫有内外列。[1]

郑注原文为:“故书枑为拒。郑司农云:‘梐,榱梐也。拒,受居溜水涑橐者也。’杜子春读为梐枑,梐枑谓行马。玄谓行马再重者,以周卫有外内列。”[2]因先郑读“梐枑”作“梐拒”,故后郑不从。《删翼》只取后郑认为是者,不取认为非者。又,《地官·大司徒》“凡建邦国,以土圭土其地而制其域:诸公之地,封疆方五百里,其食者半;诸侯之地,封疆方四白里,其食者参之一;诸伯之地,封疆方三百里,其食者参之一;诸子之地,封疆方二百里,其食者四之一;诸男之地,封疆方百里,其食者四之一”,《删翼》云:

【注】土其地,犹言度其地。郑司农云:土其地,但为正

① (明)王志长《周礼注疏删翼》卷四,文渊阁《四库全书》影印本第97册,台湾“商务印书馆”,1986年,第131页。

② (汉)郑玄注,(唐)贾公彦疏,彭林整理《周礼注疏》,上海古籍出版社,2010年,第198页。

> 四方耳。玄谓其食者半、参之一、四之一者，土均均邦国地贡轻重之等。必足其国礼俗丧纪祭祀之用，乃贡其余。大国贡重，正之也。小国贡轻，字之也。[①]

郑注原文云："土其地犹言度其地。郑司农云：'土其地，但为正四方耳。其食者半，公所食租税得其半耳，其半皆附庸小国也，属天子。参之一者亦然。故《鲁颂》曰："锡之山川，土地附庸，奄有龟蒙，遂荒大东，至于海邦。"《论语》曰："季氏将伐颛臾，孔子曰：先王以为东蒙主，且在邦域之中，是社稷之臣。"此非七十里所能容。然则方五百里、四百里，合于《鲁颂》《论语》之言。诸子诸男食者四之一，适方五十里，独此与今《五经》家说合耳。'玄谓其食者半、参之一、四之一者，土均均邦国地贡轻重之等。其率之也，公之地以一易，侯伯之地以再易，子男之地以三易，必足其国礼俗、丧纪、祭祀之用，乃贡其余。若今度支经用，余为司农谷矣。大国贡重，正之也。小国贡轻，字之也。"[②]先郑认为，经云"其食者半""参之一""四之一"者，皆五等诸侯自食之比例，其余二之一、参之二、四之三皆贡入于天子。后郑则认为"大国贡重，正之也。小国贡轻，字之也"，故不从先郑。《删翼》因后郑不从先郑，故只保留"土其地，但为正四方耳"一句，后面诸句皆删去。

---

① (明)王志长《周礼注疏删翼》卷七，文渊阁《四库全书》影印本第97册，台湾"商务印书馆"，1986年，第202页。

② (汉)郑玄注，(唐)贾公彦疏，彭林整理《周礼注疏》，上海古籍出版社，2010年，第355页。

### （二）对贾疏的取舍

以下我们着重分析《删翼》对于贾疏的取舍。归纳起来，《删翼》对贾疏的取舍主要有以下几类：

1. 删去标明注疏起讫之语

贾氏疏经、注，皆标明起讫。如《地官·大宗伯》“大宗伯之职，掌建邦之天神、人鬼、地示之礼，以佐王建保邦国”，贾氏疏经就先标经文起讫“‘大宗’至‘邦国’”。逐句疏经时亦标注清楚，如“大宗伯之职”者，云“掌建邦之天神人鬼地示之礼”者，云“以佐王建保邦国”等。注文也是如此，先标明起讫“建立”至“人事”，然后逐句疏注，云“立天神地祇人鬼之礼者，谓祀之祭之享之”者，云“礼吉礼是也”者等。《删翼》在引用贾疏时，则将标明经、注起讫以及“云某某者”之类语句全部删除。

2. 删去例证

《删翼》不仅删去郑注之例证，贾疏的大部分例证也基本不留。如，《地官·大司徒》“以土宜之法辨十有二土之名物，以相民宅而知其利害，以阜人民，以蕃鸟兽，以毓草木，以任土事”，注：“十二土分野十二邦，上系十二次，各有所宜也。相，占视也。”《删翼》采贾疏云：

【疏】星纪，吴越也。玄枵，齐也。娵訾，卫也。降娄，鲁也。大梁，赵也。实沈，晋也。鹑首，秦也。鹑火，周也。鹑尾，楚也。寿星，郑也。大火，宋也。析木，燕也。天有

> 十二次，日月之所躔；地有十二土，王公之所国。按《元命包》云“国君王者封，上应列星之位”，注：“云若角亢为郑，房心为宋。比其余小国不中星者以为附庸。”居山者利其金玉、锡石、禽兽、材木，居泽者利其鱼盐，居陆者利其田蚕，所谓就地所生、因民所能而居之也。[①]

贾疏原文如下：“‘十二土分野十二邦，上系十二次，各有所宜也’者，案：《保章氏》‘以星土辨九州之地’。注云：‘星土，星所主土也。’又云：‘大界则曰九州。州中诸国之封域，于星亦有分焉。’其书亡矣，《堪舆》虽有郡国所入度，非古数也。今其存可言者，十二次之分也。星纪，吴越也。玄枵，齐也。娵訾，卫也。降娄，鲁也。大梁，赵也。实沈，晋也。鹑首，秦也。鹑火，周也。鹑尾，楚也。寿星，郑也。大火，宋也。析木，燕也。如是，天有十二次，日月之所躔，地有十二土，王公之所国。又《周语》，伶周鸠云：‘昔武王伐商，岁在鹑火。’又云：‘岁之所在，则我之分野。’故知分野十二邦，上系十二次，各有所宜也。若然，唐虞及夏万国，殷周千七百七十三国，皆依附十二邦以系十二次，若吴、越同次之类也。凡系星之法，皆因王者所命属焉。故昭元年《左传》云：‘晋侯有疾，郑公孙侨如晋聘，且问疾。叔向问焉，曰：“寡君之疾病，卜人曰：实沈、台骀为祟。史莫之知，敢问此何神也？”子产曰：“昔高辛氏有二子，伯曰阏伯，季曰实沈，居于旷

---

① （明）王志长《周礼注疏删翼》卷七，文渊阁《四库全书》影印本第97册，台湾“商务印书馆”，1986年，第199页。

林，不相能也，日寻干戈，以相征讨。后帝不臧，迁阏伯于商丘，主辰，商人是因，故辰为商星；迁实沈于大夏，主参，唐人是因，以服事夏商。"'又云：'及成王灭唐而封大叔焉，故参为晋星。'又襄九年，晋士弱云：'陶唐氏之火正阏伯，居商丘，祀大火，相土因之，故商主大火。'是皆先王命祀之法也。案：《元命包》云：'国君王者封，上应列星之位。'注云：'若角、亢为郑，房、心为宋。比其余小国不中星者，以为附庸。'若然，附庸不系星，其余皆系星也。又云'任谓就地所生，因民所能'者，地之所生，出物不同。民之所资，事业有异。谓若居山者，利其金玉、锡石、禽兽、材木。居泽者，利其鱼盐。居陆者，利其田蚕。是其任谓就地所生，因民所能而居之也。"[①]贾疏引《周语》"岁之所在，则我之分野"以证明郑注"天有十二次""地有十二土"之说。又，凡系星之法，皆由王者诏命决定，故引《春秋左传》帝迁阏伯于商，主辰，迁实沈于大夏，主参之说，以证先王命祀之法。《删翼》只取贾疏之结论，即天之十二次如何一一对应地之十二土，其余一概舍去。

3. 删去与本经无关之疏

《春官·司服》"王为三公六卿锡衰，为诸侯缌衰，为大夫士疑衰，其首服皆弁绖"，注："君为臣服吊服也。郑司农云：'锡，麻之滑易者，十五升去其半，有事其布，无事其缕。缌亦十五升去其半，有事其缕，无事其布。疑衰，十四升。玄谓疑之言拟

① (汉)郑玄注，(唐)贾公彦疏，彭林整理《周礼注疏》，上海古籍出版社，2010年，第343—344页。

也，拟于吉。”《删翼》采贾疏云：

> 【疏】不言三孤与六卿同，又不辨同姓异姓，亦以臣故也。郑注丧服皆破升为登，布八十缕为登。登，成也。今云十五升，则千二百缕，去其半则六百缕也。有事皆谓以水濯治去其垢者也。吉服十五升，疑衰十四升，少一升耳。故云拟于吉也。[①]

贾疏原文云：“不见三孤者，与六卿同。又不辨同姓异姓，亦以臣故也。”“郑注丧服，破升皆为登。布八十缕为登，登，成也。今云十五升，则千二百缕，去其半，则六百缕也。云‘有事其缕’，及‘有事其布’者，皆谓以水濯治，去其垢者也。玄谓‘疑之言拟也，拟于吉’者，以其吉服十五升，今疑衰十四升，少一升而已，故云拟于吉者也。凡吊皆不见妇人吊服者，以妇与夫同，故《丧服》云：‘大夫吊于命妇锡衰，命妇吊于大夫锡衰。’是妇与夫同。其首服，即郑注《丧服》云‘凡妇人吊服，吉笄无首、素总’，是也。”[②]首先，为了精炼，《删翼》把贾疏分别释经与释注之文合到一起，“不见三孤者，与六卿同。又不辨同姓异姓，亦以臣故也”本为释经之疏，以下为释注之文；其次，删去了所有“云某某者”这样标明起讫的语句；再次，删去了“凡吊皆不见妇人吊

---

① (明)王志长《周礼注疏删翼》卷十三，文渊阁《四库全书》影印本第 97 册，台湾“商务印书馆”，1986 年，第 427 页。

② (汉)郑玄注，(唐)贾公彦疏，彭林整理《周礼注疏》，上海古籍出版社，2010 年，第 799 页。

服者，以妇与夫同，故《丧服》云：'大夫吊于命妇锡衰，命妇吊于大夫锡衰。'是妇与夫同。其首服，即郑注《丧服》云'凡妇人吊服，吉笄无首、素总'是也"两句疏文。这后两句疏文是贾氏由说男子吊服引申至妇人吊服。或许王氏认为，此经论男子吊服，没必要扯进妇人吊服，贾疏过于枝蔓，故舍去。

4. 删去释注之因及折中诸郑注不相协者

《春官·大宗伯》"以禋祀祀昊天上帝，以实柴祀日、月、星、辰，以槱燎祀司中、司命、飌师、雨师"，注云："禋之言烟，周人尚臭，烟，气之臭闻者。槱，积也。三祀皆积柴实牲体焉，或有玉帛，燔燎而升烟，所以报阳也。郑司农云：实柴，实牛柴上也。司中，三能三阶也。司命，文昌宫星。风师，箕也。雨师，毕也。玄谓昊天上帝，冬至于圜丘所祀天皇大帝。星谓五纬，辰谓日月所会十二次。司中、司命，文昌第五第四星，或曰中能上能也。"《删翼》采贾疏云：

【疏】《周语》云"精意以享谓之禋"，义并与烟得相叶也。《郊特牲》云："殷人尚声，周人尚臭。"司中司命等言槱燎，则亦用烟也。于日月言实牲，至昊天上帝言禋祀，则三祀互相备矣。但先积柴，次实牲，后取烟，事列于卑祀，义全于昊天，作文之意也。五纬即五星，东方岁星，南方荧惑，西方太白，北方辰星，中央镇星。二十八宿随天左转为经，五星右旋为纬。按《武陵太守星传》云："文昌宫六星，第一曰上将，第二曰次将，第三曰贵相，第四曰司命，第五曰司中，第六曰司禄。”①

贾疏原文如下：“案：《尚书·洛诰》‘予以秬鬯二卣明禋’，注云：‘禋，芬芳之祭。’又案：《周语》云‘精意以享谓之禋’，义并与烟得相叶也。但宗庙用烟，则《郊特牲》云‘臭阳达于墙屋’，是也。天神用烟，则此文是也。郑于禋祀之下，正取义于烟，故言禋之言烟也。云‘周人尚臭，烟，气之臭闻者’，此《礼记·郊特牲》之文也。彼云殷人尚声，周人尚臭。尚臭者，取烟气之臭闻于天。引之者，证烟义也。云‘槱，积也，《诗》云“芃芃棫朴，薪之槱之”’者，此《大雅·棫朴》之篇。引之，证槱得为积也。云‘三祀皆积柴实牲体焉，或有玉帛，燔燎而升烟’者，此司中司命等言槱燎，则亦用烟也。于日月言实牲，至昊天上帝言烟祀，则三祀互相备矣。但先积柴，次实牲，后取烟，事列于卑祀，义全于昊天，作文之意也。但云或有玉帛，则有不用玉帛者。《肆师职》云：‘立大祀，用玉帛牲牷。立次祀，用牲币。立小祀，用牲。’彼虽总据天地宗庙诸神，今以天神言之，则二大小次祀皆有也。以肆师言之，烟祀中有玉帛牲牷三事，实柴中则无玉，唯有牲币，槱燎中但止有牲，故郑云实牲体焉。据三祀有其玉帛，惟昊天具之，实柴则有帛无玉。是玉帛于三祀之内，或有或无，故郑云或耳。……云‘星谓五纬’者，五纬，即五星，东方岁星，南方荧惑，西方大白，北方辰星，中央镇星。言纬者，二十八宿随天左转

① (明)王志长《周礼注疏删翼》卷十二，文渊阁《四库全书》影印本第97册，台湾“商务印书馆”，1986年，第347—348页。

为经，五星右旋为纬。……云‘司中、司命，文昌第五第四星’者，此破先郑也。何则？先郑以为司中是三台，司命是文昌星。今案：三台与文昌，皆有司中、司命，何得分之？故后郑云‘文昌第五第四星’。必先言第五后云第四者，案：文昌第四云司命，第五云司中；此经先云司中，后云司命，后郑欲先说司中，故先引第五证司中，后引第四证司命，故文倒也。案：《武陵大守星传》云：‘文昌宫六星，第一曰上将，第二曰次将，第三曰贵相，第四曰司命，第五曰司中，第六曰司禄。’”[①]《删翼》取贾疏所引《周语》释“禋”之义，但不取贾释郑注缘何言“禋之言烟”之义；郑注云“三祀皆积柴实牲体焉，或有玉帛，燔燎而升烟”，贾氏用了大段文字论述其所云“或有玉帛”之义，目的只有一个，就是解释郑玄用“或”字的深义，《删翼》亦不取；郑注“文昌第五第四星”，贾疏首先说明后郑破先郑的理由，接着又解释后郑先言第五后言第四星的缘由，最后引《太守星传》将文昌宫六星的次序罗列出来。《删翼》删去前两点，只留下最后《太守星传》的记载。

我们知道，贾疏以义疏郑注为旨归，对于每一处郑注，除了训释其义，还力图探寻其背后之因，即郑玄为何如此作注。不仅努力使本经前后郑注相互照应，而且努力使本经与他经郑注相互参证。王氏《删翼》解经以议论为宗，所取郑注贾疏只为最低限度的训释，然后在此基础上进行义理层面的探讨。至于郑注有何深义，诸经郑注有无关联，统统不予考虑。

---

① (汉)郑玄注，(唐)贾公彦疏，彭林整理《周礼注疏》，上海古籍出版社，2010年，第646—649页。

再如，《春官·大宗伯》“以丧礼哀死亡”，注：“哀谓亲者服焉，疏者含襚。”《删翼》采贾疏云：

> 【疏】《春秋》“王使荣叔归含且赗”，《士丧礼》“君使人襚”，明天子诸侯于臣子皆有含襚也。[①]

贾疏原文云：“云‘哀谓亲者服焉’者，据上文云‘哀邦国之忧’，则此亦据诸侯邦国之内而言。但天子诸侯绝傍期，傍期已下无服。若始封之君不臣诸父昆弟，亦有服。今郑云亲者服焉，疏者含襚者，郑广解哀义，不专据天子诸侯之身也。案：《士丧礼》‘亲者不将命’，注云：‘大功已上，有同财之义，无归含法。’郑云亲者服焉，据大功亲以上，直有服，无含法。若小功以下，有含并有服也。若然，此据大夫已下而说。天子诸侯虽无服，其含襚则有之。故《春秋》‘王使荣叔归含且赗’，《士丧礼》‘君使人襚’，明天子诸侯于臣子，皆有含襚也。”[②]依礼，天子、诸侯绝傍期，即旁系亲之丧无须服丧服。但此处郑注谓“亲者服焉”，贾疏推测，郑广解哀义，此处并不限于天子、诸侯之身。贾氏又据《仪礼·士丧礼》郑注“大功已上”“无归含法”，谓若大功，亲丧有服，但无含襚；小功以下有服亦有含。既然天子、诸侯绝傍期，则此处郑注云“亲者服”，当据大夫以下而言，非天子、诸侯

---

① (明)王志长《周礼注疏删翼》卷十二，文渊阁《四库全书》影印本第 97 册，台湾“商务印书馆”，1986 年，第 355 页。

② (汉)郑玄注，(唐)贾公彦疏，彭林整理《周礼注疏》，上海古籍出版社，2010 年，第 664 页。

之身。贾疏为使本经与他经郑注之说协调统一，努力为之申论。但《删翼》只需要“明天子诸侯于臣子皆有含襚也”这句结论，其余的通通舍去。

5. 采名物训诂者

《地官·遂师》“入野职、野赋于玉府”，注云：“民所入货贿，以当九职、九赋，中玉府之用者。”《删翼》采贾疏云：

> 【疏】野职，谓九职之贡。野赋谓九赋，自邦甸家稍县都之等，口率出泉。以其在远郊之外，故皆以野言之也。①

贾疏释“野职”“野赋”之义，《订义》采用。又，《地官·舍人》“掌米粟之出入，辨其物”，注云：“九谷六米别为书。”《删翼》采贾疏云：

> 【疏】粟即粢也，《尔雅·释草》：“粢，稷也。”稷为五谷之长，故特举以配米，其实九谷皆有。九谷名见《大宰注》。今云六米者，九谷中，黍、稷、稻、粱、苽、大豆，六者皆有米，麻与小豆、小麦三者无米，故云九谷六米别为书，释经辨其物也。②

《删翼》采用贾疏释“粟”之义。值得一提的是，《删翼》将本来分

① （明）王志长《周礼注疏删翼》卷十，文渊阁《四库全书》影印本第97册，台湾“商务印书馆”，1986年，第299页。

② 同上，第320—321页。

开的贾之经疏与注疏糅合至一处。

除了名物训诂，贾疏之事训也在《删翼》甄采之列。《地官·司门》"凡四方之宾客叩关，则为之告"，《删翼》采贾疏云：

【疏】畿外诸侯来朝，使卿大夫来聘，但至关门，先谒关人。关人止客，而告王。王使小行人逆劳于畿也。[①]

6. 采解释经义者

《天官·掌次》"凡祭祀，张其旅幕，张尸次"，《删翼》采贾疏云：

【疏】天地宗庙外内祭祀，皆有群臣助祭，其臣既多，不可人人独设，故张旅幕。旅，众也，谓众人共幕也。尸尊，故别张尸次。[②]

群臣助祭设旅幕，众人共处之；尸尊，则另设尸次。此贾疏阐发经义也，《订义》采用之。又，《夏官·射人》"掌国之三公、孤、卿、大夫之位，三公北面，孤东面，卿、大夫西面。其挚，三公执璧，孤执皮帛，卿执羔，大夫雁"，《删翼》采贾疏云：

① (明)王志长《周礼注疏删翼》卷十，文渊阁《四库全书》影印本第97册，台湾"商务印书馆"，1986年，第289页。

② 同上，卷四，第134页。

【疏】三公射北面者，君南面答阳，臣之北面答君，三公，臣中最尊，故屈之使北面，答君之义。孤东面者，西方者宾位，以孤无职，尊而宾客之，故在西也。卿大夫西面者，以其皆有职，故在东，在东近君，居主位也。①

贾疏阐发了公卿大夫列朝设位之深义：三公最尊，北向答君；西方宾位，孤尊而宾，东向；东方近君，卿大夫有实职，西向。故《删翼》采之。

7. 采申论郑注者

《天官·膳夫》"王燕食，则奉膳赞祭"，注："燕食，谓日中与夕食。奉膳，奉朝之余膳。所祭者牢肉。"《删翼》采贾疏云：

【疏】奉余膳，一牢分为三时，故奉朝之余馂也。按《玉藻》云："诸侯夕深衣，祭牢肉。"郑注云："天子言日中，诸侯言夕，天子言馂，诸侯言祭牢肉，互相挟。"则天子诸侯朝皆祭肺，日中与夕皆祭牢肉，故言所祭者，牢肉也。②

贾氏谓天子一牢分为朝、日中、夕三时进食，"余膳"即"朝之余馂"。又援引《玉藻》之郑注，谓天子与诸侯，朝皆祭食牲肺，日中与夕皆祭食朝之余肉也。贾疏以《礼记》郑注参证本经注义，

---

① (明)王志长《周礼注疏删翼》卷十九，文渊阁《四库全书》影印本第97册，台湾"商务印书馆"，1986年，第636页。

② 同上，卷三，第94页。

可谓得之，故《删翼》采之。又，《夏官·小子》"掌祭祀，羞羊肆、羊殽、肉豆"，注曰："郑司农云：'羞，进也。羊肆，体荐、全烝也。羊殽，体解节折也。肉豆者，切肉也。'玄谓肆读为鬄。羊鬄者，所谓豚解也。"《删翼》采贾疏云：

【疏】按《外传》云："禘郊之事，则有全烝。王公立饫，则有房俎。"《礼运》云"腥其俎，孰其殽"，注云："腥其俎，豚解而腥之。孰其殽，体解而爓之。"又云："退而合亨，腥其犬豕牛羊。"是祭宗庙不得有全烝也。此祭为宗庙之祭，故后郑读肆从鬄，"羊鬄者，所谓豚解也"。豚解之法，则《士丧礼》"特豚四鬄去蹄"，谓四段解之也。大夫士祭自馈孰始，故正祭即体解，为二十一体。丧事略，则有豚解。其天子诸侯之祭，有腥，有爓，有孰，故初朝践有豚解而腥之，馈献则有体解而爓之，酳尸乃有熟，与大夫士不同也。[1]

祭宗庙不得有全牲，故贾氏列举《外传》及《礼运》郑注，以证本经郑注"豚解"之说，又引《仪礼·士丧礼》，以释豚解与体解之法。贾疏申郑可谓详明，故《删翼》采贾说。

8. 采训释礼制者

《地官·牛人》"飨食、宾射，共其膳羞之牛"，《删翼》采贾疏云：

---

① (明)王志长《周礼注疏删翼》卷十九，文渊阁《四库全书》影印本第97册，台湾"商务印书馆"，1986年，第627—628页。

【疏】飨者者，烹大牢以饮宾，献依命数。食者，亦烹大牢以食。食礼九举、七举、五举，亦依命数，但无献酬。皆于庙速宾。天子诸侯射，先行燕礼，皆有殽俎，故有牛也。①

此贾氏说飨食、宾射之礼，《删翼》采之。又，《春官·巾车》“服车五乘：孤乘夏篆，卿乘夏缦，大夫乘墨车，士乘栈车，庶人乘役车”，《删翼》采贾疏云：

【疏】此已上寻常所乘，若亲迎，则士有摄盛，故《士昏礼》主人乘墨车，妇车亦如之，有裧为异耳。不见妇人车者，妇人与夫同，故《昏礼》云“妇车，亦如之”。大夫以上不摄盛。②

此论亲迎时，士摄盛，乘墨车，士妻亦如之；大夫以上亲迎则不摄盛，各乘本车。《删翼》亦采之。又，《秋官·大行人》“上公之礼，执桓圭九寸，缫藉九寸，冕服九章，建常九斿，樊缨九就，贰车九乘，介九人，礼九牢，其朝位宾主之间九十步，立当车轵，摈者五人，庙中将币三享，王礼再祼而酢，飨礼九献，食礼九举，出入五积，三问三劳。诸侯之礼，执信圭七寸，缫藉七寸，冕服七

① （明）王志长《周礼注疏删翼》卷八，文渊阁《四库全书》影印本第97册，台湾“商务印书馆”，1986年，第249页。

② 同上，卷十六，第566页。

章，建常七斿，樊缨七就，贰车七乘，介七人，礼七牢，朝位宾主之间七十步，立当前疾，摈者四人，庙中将币三享，王礼壹祼而酢，飨礼七献，食礼七举，出入四积，再问再劳。诸伯执躬圭，其他皆如诸侯之礼。诸子执谷璧五寸，缫藉五寸，冕服五章，建常五斿，樊缨五就，贰车五乘，介五人，礼五牢，朝位宾主之间五十步，立当车衡，摈者三人，庙中将币三享，王礼壹祼不酢，飨礼五献，食礼五举，出入三积，壹问壹劳。诸男执蒲璧，其他皆如诸子之礼”，《删翼》采贾疏云：

> 【疏】庙中将币三享，此谓行朝礼在朝讫，乃行三享在庙也。……飨礼，烹大牢以饮宾，设几而不倚，爵盈而不饮。飨以训恭俭。九献者，王酌献宾，宾酢主人，主人酬宾，酬后更八献，是为九献。“食礼九举”者，亦烹大牢以食宾，无酒。九举牲体而食毕。五积谓在路共宾，来去皆五积。每积有牢礼，米禾刍薪。[①]

贾疏分别阐释了天子以礼迎待五等诸侯之“飨礼”“九献”“食礼九举”“五积”等仪节，《删翼》皆采用之。

9. 采分析篇章结构与概括章义者

《地官·载师》“载师，掌任土之法，以物地事、授地职，而待其政令”，注云：“任土者，任其力势所能生育，且以制贡赋也。

---

① （明）王志长《周礼注疏删翼》卷二十五，文渊阁《四库全书》影印本第97册，台湾“商务印书馆”，1986年，第780—781页。

物，物色之，以知其所宜之事，而授农牧衡虞，使职之。”《删翼》引贾疏云：

【疏】此经与下经为目，言任土之法，即下经云廛里任国中之地已下是也。政令，谓因其职事使出贡赋，即下经园廛二十而一已下是也。[①]

贾疏原文云：“此经与下经为目。言‘任土之法’者，任，谓任其力势所能生育，即下经云‘廛里任国中之地’以下，是也。云‘以物地事’者，此文还于任其力势而物色之，知其种植所宜何种。云‘授地职’者，既知地势所宜，而授有职事于地者。云‘而待其政令’者，谓因其职事，使出赋贡，即下经‘园廛二十而一’以下是。”[②]《删翼》并不全取此段贾疏，只是截取分析篇章结构的部分。又，《地官·司市》“司市，掌市之治教、政刑、量度、禁令”，《删翼》引贾疏云：

【疏】此经与下文为总目。治，即下文云“听大治小治”是也。教，即下文“以次叙分地”等，谓教之处置货物是也。政者，“以政令禁物靡”等是也。刑者，“以刑罚禁虣”是也。量度，下文“以量度成贾”是也。禁令者，下文“以贾民禁

① (明)王志长《周礼注疏删翼》卷九，文渊阁《四库全书》影印本第97册，台湾“商务印书馆”，1986年，第252页。

② (汉)郑玄注，(唐)贾公彦疏，彭林整理《周礼注疏》，上海古籍出版社，2010年，第465页。

伪”是也。[①]

贾疏详细分析了此经与以下经文的一一对应关系，《删翼》悉数采录。

除了分析篇章结构，贾疏概括章义者《删翼》也基本保留。如，《天官·大宰》“大宰之职，掌建邦之六典，以佐王治邦国：一曰治典，以经邦国，以治官府，以纪万民；二曰教典，以安邦国，以教官府，以扰万民；三曰礼典，以和邦国，以统百官，以谐万民；四曰政典，以平邦国，以正百官，以均万民；五曰刑典，以诘邦国，以刑百官，以纠万民；六曰事典，以富邦国，以任百官，以生万民”，《删翼》引贾疏云：

【疏】太宰职文分为二段。从首至“以富得民”十条，明经国之大纲，治政之条目。自“正月之吉”至职末，明颁宣前法，依事而施。[②]

又，《地官·载师》“凡任地，国宅无征，园廛二十而一，近郊十一，远郊二十而三，甸稍县都皆无过十二，惟其漆林之征二十而五”，《删翼》引贾疏云：

① (明)王志长《周礼注疏删翼》卷九，文渊阁《四库全书》影印本第97册，台湾“商务印书馆”，1986年，第273页。

② 同上，卷二，第30页。

【疏】上经言任地所在，此经言地税多少不同之事。[①]

又，《春官·冯相氏》"冬夏致日，春秋致月，以辨四时之叙"，《删翼》引贾疏云：

【疏】此经欲知人主政之得失之所致，观日月之景，以辨四时之叙，若政教得所，则四时之景依度，依度则四时之叙得正矣。[②]

又，《春官·保章氏》"以星土辨九州之地，所封封域，皆有分星，以观妖祥"，《删翼》引贾疏云：

【疏】此经论北斗及二十八宿所主九州及诸国封域之妖祥所在之事，故云"以星土"也。[③]

通过以上分析，可以看出，王氏《删翼》甄采贾疏者，大抵名物训诂、解释经义、申论郑注、训释礼制以及分析篇章结构与概括章义等诸端，而为疏而疏者，揭示郑玄作注之因与折中诸郑注不相协者以及作为锦上添花之例证等则一概被删去。

---

① (明)王志长《周礼注疏删翼》卷九，文渊阁《四库全书》影印本第97册，台湾"商务印书馆"，1986年，第254页。

② 同上，卷十六，第550页。

③ 同上，第552页。

## 二、《删翼》解经的特点及与贾疏关系

《删翼》以阐发经义为旨归，故其所采择之贾疏，皆为该主旨服务。如，《春官·韎师》“掌教韎乐。祭祀则帅其属而舞之”，注云：“舞之以东夷之舞。”《删翼》云：

【疏】东夷之乐曰韎。凡舞夷乐者，皆门外为之。〇公羊注，王者舞先王之乐，明有法也。舞已之乐，明有制也。舞四夷之乐，大德广及之也。〇王氏曰，韎师、旄人、鞮鞻氏皆掌夷乐，而命名不同也。韎言其所服，旄言其所执，鞻言其所履。韎，赤韦也，作其乐舞，因使服其服，从其宜也，帅其属而舞之，则韎师之属，舞者十六人也。〇刘氏曰，祭祀大飨皆用之者，四夷之来王也。〇方氏曰，中天下而立，革四海之民而役之，得其欢心，使鼓舞以祭祀君子之所乐也。故周官有韎师及旄人、鞮鞻氏之职者，以此东为四夷之长，对蛮之小为大焉，周官专以韎师掌之者，以此周之化自北而南，南于丰镐为尤远。诗以雅以南记胥言鼓南者以此。〇陈氏曰，王者必作四夷之乐，一天下也。白虎通云，王者制夷狄乐，不制夷狄礼，所以均中国。不制礼者，恐夷人不能随中国礼也。记曰，纳蛮夷之乐于大庙，言广鲁于天下也。先王之于夷乐，虽或用之，然夷不可以乱华，哇不可以杂雅。盖亦后之而弗先，外之而弗内也。观夹谷之

会，齐有司请奏四夷乐。孔曰，吾两君为好会，夷狄之乐何为？请有司却之。然则鲁纳夷蛮之乐于大庙，盖陈之于门而已，唐之时皆奏于四门之外，岂古之遗制欤？○仲舆郝氏曰，韎韐戎服。诗云，韎韐有奭，皮衣色赤。明堂位曰，韎，东夷之乐，祭祀用之，象服远也。周居西土，东夷最远。故舞东夷之乐，昭王化之四达也。[1]

《删翼》引公羊注、方氏、仲舆郝氏之说，阐明舞夷乐是为昭示周之德化；引刘氏、陈氏之说，阐明舞夷乐象征天下一统。其解经理路与郑、贾全然不同。郑注释“韎”为夷人之舞，贾疏指出在门外舞夷舞，皆不离文字、名物训诂范畴，与义理无涉。《删翼》则在郑、贾基础上进行义理发挥。又，《春官·乐师》，“凡射，王以《驺虞》为节，诸侯以《狸首》为节，大夫以《采蘋》为节，士以《采蘩》为节”，注：“《驺虞》《采蘋》《采蘩》皆乐章名，在《国风·召南》。《狸首》在《乐记》。《射义》曰：‘《驺虞》者，乐官备也。《狸首》者，乐会时也。《采蘋》者，乐循法也。《采蘩》者，乐不失职也。是故天子以备官为节，诸侯以时会为节，大夫以循法为节，士以不失职为节。’郑司农说以《大射礼》曰：‘乐正命大师曰，奏《狸首》，间若一。大师不兴，许诺，乐正反位，奏《狸首》以射。’《狸首》，‘曾孙’。”《删翼》云：

① (明)王志长《周礼注疏删翼》卷十五，文渊阁《四库全书》影印本第97册，台湾“商务印书馆”，1986年，第507页。

【疏】无问尊卑，人皆四矢，射节则不同，故《射人》云，天子九节，诸侯七节，大夫士五节，尊卑皆以四节为乘矢拾发，其余天子五节，诸侯三节，大夫士一节，皆以为先以听。优尊者，故射前节多也。○又云先郑引《大射》者，证大师用乐节之事。云“间若一”者，谓七节五节之间，缓急稀稠如一。彼诸侯礼，故乐正命大师；此天子礼，故乐师命大师也。云“《狸首》，‘曾孙’”者，《狸首》是篇名，“曾孙”章头，即《射义》所云是也。○《礼记·射义》曰：《狸首》之诗曰“曾孙侯氏，四正具举。大夫君子，凡以庶士，小大莫处，御于君所。以燕以射，则燕则誉”，言君臣相与尽志于射，以习礼乐，则安则誉也。是以天子制之而诸侯务焉。此天子之所以养诸侯，而兵不用，诸侯自为正之具也。○芸阁吕氏曰，王者之仁及鸟兽草木，皆如《驺虞》，则王道成也。以此为节，言天子继天，当推天地好生之德也。《狸首》之诗亡矣。记有原壤所歌之辞曰，《狸首》之斑，然执女手之拳，然《狸首》田之所获物之至尊者，执女手者，所以道旧结欢也。言君臣相与习礼结欢，奉天子以修朝事，故诸侯之射以是为节，所以乐其会时也。○王氏曰，《驺虞》之诗言蒐田以时，仁如《驺虞》则王道成，王以《驺虞》为节者，乐仁而杀以时也。○按欧阳氏曰，贾谊《新书》，驺者，文王囿名，虞者，囿之司兽，或曰驺厩，官虞山泽之官，二职皆不失人则官备。可知毛氏曰，驺虞，义兽，白虎，黑文，不食生物。

故小序云，仁如《驺虞》，则王道成也。[①]

《删翼》引芸阁吕氏、王氏、欧阳氏诸说阐明《驺虞》为王射节之旨，即仁如《驺虞》则王道成；引《礼记·射义》、芸阁吕氏说，以明《狸首》君臣相与于射，以礼乐结欢之旨。《删翼》所引诸家说实为发挥郑义，因郑注即释射用诸乐章之义；引贾疏则着重训释"射节"，即无论天子还是大夫士，皆有四矢，一节一矢。天子九节，则五节先以听再射；诸侯七节，则三节先以听再射；大夫士五节，则一节先以听再射。

更多时候，《删翼》舍去贾疏，尽以宋明以来经说补充。如，《秋官·大司寇》"其能改者，反于中国，不齿三年"，《删翼》云：

【注】反于中国，谓舍之还于故乡里也。《司圜职》曰："上罪三年而舍，中罪二年而舍，下罪一年而舍。"不齿者，不得以年次列于平民。[②]

郑注意在解释罪行大小与在圜土中服刑年限的关系，贾疏云："云'能改'，正谓在圜土不出，自思己过，是能改也。"贾氏重点在"能改"的训释上，稍带提及了圜土的功能，《删翼》意在阐明圣人设圜土以教化之旨，故保留了郑注但舍弃了贾疏，同时援

① (明)王志长《周礼注疏删翼》卷十四，文渊阁《四库全书》影印本第97册，台湾"商务印书馆"，1986年，第473—474页。

② 同上，卷二十三，第717页。

引宋明以来诸家经义，以助己说：

> 李氏曰，人之为恶岂一朝一夕，必有渐也，放僻邪侈之情动而无所畏忌，则或伏尸市朝，流血刀锯，虽其悔之犹噬脐也，是故先王之驭民，必早为之所。过轻者则坐诸嘉石，稍重者则归于圜土，皆未入于五刑也。若因兹困辱，遂能自新，则复为齐民，何刑杀之及哉，此亦使民迁善远罪之法也。○临川王氏曰，先王之于民也，德以教之，礼以宾之，仁以宥之，义以制之，善者怙焉，不善者惧焉，故居则易以治，动则易以服。○潜溪邓氏曰，刑先圜土何也，先教也，刑以弼教先教之，而后刑可用也，圜土狱乎，曰非也，国有罢民焉，惰于教，不昏作劳，如罢癃焉，是淫酗之所生傲狠之所始，民俗之所以日偷而不可反也，其害人也大而固未丽于法也，刑诸则已重，不刑则败俗而伤化，故筑圜土焉。众为之宅而教之，视其能日夜施九职功事焉，督课之书其罪于方版着之背耻之。盖用其力以强其能，愧其心以冀其改，而教道存焉尔。其用刑也不亏体，其罚人也不亏财，何为狱乎，盖环而教之也。[①]

李氏、王氏、邓氏三人所言，皆为阐明圣人设圜土以教恶民改过自新而不必刑罚之旨。贾疏一句“在圜土不出，自思己过，是能

① （明）王志长《周礼注疏删翼》卷二十三，文渊阁《四库全书》影印本第 97 册，台湾“商务印书馆”，1986 年，第 717—718 页。

改也”似乎起到了抛砖引玉的作用，但是，若论对义旨的发挥，贾疏必定不及宋以后诸家，故贾说被舍弃。

《周礼》郑注长于文字、名物训诂，贾疏以郑为宗，对名物、制度发挥较多，较少涉及义理。王氏《删翼》虽然以郑注、贾疏为根柢，但其以义理说经的习气还是很明显。故贾氏“疏不破注”式的训释手法，在王氏这里就显得烦冗呆板，妨碍其发挥《周礼》经义，贾疏因此被删汰大半。《删翼》以郑注之文字名物训诂为基础，辅以贾疏申论郑注得之者，同时吸收进大量宋以来讨论《周礼》义旨之说，最终形成了这部以议论为宗的解经之作。

## 第三节 《周礼疏》对孙诒让《周礼正义》的影响

清代学术以考据为特色，对《周礼》的研究，也一反宋明理学之传统，崇尚汉学，重视版本、目录、校勘及文字、音韵、训诂，专究名物、典章制度。此间出现了很多研究《周礼》的名著，如江永《周礼疑义举要》、方苞《周官析疑》，明发经文之疑义；庄存与《周官记》、王鸣盛《周礼军赋说》、惠士奇《礼说》、沈彤《周官禄田考》，疏证名物，究明古制；段玉裁《周礼汉读考》，考校音读；徐养原《周礼故书考》，考订字句，正其讹脱；等等。晚清孙诒让撰《周礼正义》，将自汉以来直至明清学人《周礼》著述的精义一一收入书中，折中汉宋诸儒是非，博采清儒精义，堪称《周礼》研究的集大成之作。章炳麟《孙诒让传》评其曰："发正郑、贾凡百余事。古今言《周礼》者，莫能先也。"[①]曹元弼《书孙氏〈周礼正义〉后》亦云："孙氏《周礼正义》……囊括网罗，言富理博，自贾氏以来，未有能及之者也。"[②]《周礼正义·略例十二凡》云："贾疏在唐人经疏中，尚为简当，今据彼为本，订讹补阙……甄采精要，十存七八，虽间有删剟移易，而绝无羼改。且皆明楬贾义，不敢攘善。"《周礼正义》（以下简称《正义》）亦以郑注贾疏为根柢，孙氏所作的就是用考据的方法对其加以订补，对认为正确的旧注就加以详申，正确的旧疏就予以援引；对误解经文的旧注，误解旧注的旧疏，就有理有据地纠正。或从或驳，孙氏都秉持着审慎求实的原则。《正义》对贾疏实事求是的考证，客观公正的评价，在周礼学史上可谓绝无仅有。

## 一、《正义》引贾疏原则

贾氏疏通郑注，重点在于解释郑注说了什么，为何那样说，以及调和本经前后郑注、本经与他经郑注之义使其统一。至于所说内容是否正确，贾氏并不措意。故贾氏疏文中屡屡出现"举以为说""以况之""读从之""故郑云""故注不同"等字眼，以下略举数例以论之。

《夏官·弁师》"王之皮弁，会五采玉璂，象邸，玉笄"，郑注

① 章太炎《太炎文录初编》，上海人民出版社，2014年，第219页。
② 曹元弼《复礼堂文集》卷四，文史哲出版社，1973年，第391页。

云："堪读如薄借綦之綦。綦，结也。"贾疏云："又云'堪读如薄借綦之綦。綦，结也'者，汉时有'薄借綦'之语，故读从之。亦取结义，薄借之语未闻。"[①]贾氏云"薄借之语未闻"，或因其的确不知。但于郑注仅一句"汉时有'薄借綦'之语，故读从之"就草草结束，而不作进一步的发挥，则因其不欲知。相比之下，孙诒让所作之训释才是考证派的做法。《正义》云：

云"堪读如薄借綦之綦。綦结也"者，段玉裁改"读如"为"读为"，云："薄借綦者，即《说文·糸部》之'不借綼'，不借，粗屦也。《释名》'齐人云搏腊'，薄，不语之转。《内则》注：'綦，屦系也。'今之鞋带，所以结鞋，使不脱，故读堪为綦，即训綦为结。王之皮弁缝中，以五采玉十二贯而结之为饰，亦谓之綦，又非如仲师、叔重说弁饰名堪也。"惠士奇云："《丧服传》注云：'绳菲，今之不借。'《齐民要术》云：'草履之贱者曰不借。'《释名》：'不借，言贱易有不假借人也。齐人云搏腊。'于文借腊皆以昔为声，古音通。薄搏音相近，故薄借转为搏腊。《广雅》：'不借，履也，其紟谓之綦。'《内则》注云：'綦，屦系。'《士丧礼》'綦结于跗，连絇'，絇在屦头，有孔，穿系于中，而结于足。康成引之亦取结义也。"任大椿云："《内则》注曰屦系，《广雅》曰紟，皆可以贯结者也。盖履下以丝贯絇谓之綦，弁上以丝贯玉亦谓之綦。郑

① (汉)郑玄注，(唐)贾公彦疏，彭林整理《周礼注疏》，上海古籍出版社，2010年，第1221—1222页。

> 注以屦綦之綦通綦之义，则知堪之当为綦，亦取义于贯结也。”案，任说是也。《文选·东京赋》云“玉笄綦会”盖即用此经，亦不作堪膾，与郑读正同，疑后郑即本张平子也。不借，《齐民要术》及崔氏《古今注》并云草履，《方言》云麻作，此与《丧服》注绳菲说同。《急就篇》及《释名》则云韦作。盖汉时凡粗履，不论草韦，通名不借，亦皆有綦。《盐铁论·散不足篇》云“綦下不借”，即此薄借綦矣。①

孙氏引清人之考据成果以证之。段玉裁据《说文》《释名》，谓“薄借”即“不借”，粗屦也；引《内则》郑注，谓“綦”为鞋带。惠说与段说基本相同。任大椿唯释“堪”，谓“堪”为“綦”，贯结之义。罗列诸家精义之后，孙氏总结诸字书及经子典籍云，不论草履、革履，通名之“不借”，皆有系带，即“綦”也。最后引《盐铁论》证其用字之例。孙氏考据之严谨、客观，显然是另一种风格，区别于贾疏。再如，《夏官·司戈盾》“及舍，设藩盾，行则敛之”，郑注云：“舍，止也。藩盾，盾可以藩卫者，如今之扶苏与?”贾疏云：

> 云“如今扶苏”者，举汉法以况之也。②

---

① (清)孙诒让撰，王文锦、陈玉霞点校《周礼正义》，中华书局，2013年，第2537—2538页。

② (汉)郑玄注，(唐)贾公彦疏，彭林整理《周礼注疏》，上海古籍出版社，2010年，第1227页。

贾氏释郑注“如今扶苏”惟云“举汉法以况之也”，仅仅说明了郑玄作注之意，至于“扶苏”究竟为何物贾氏没有深究，也不需要深究。考实的工作则由孙诒让来完成。《正义》云：

> 云“如今之扶苏与”者，《六韬·军用篇》有武卫大扶胥三十六乘，武翼大橹矛戟扶胥七十二具，提翼小橹扶胥一百四十六具，大黄参连弩大扶胥三十六乘，大扶胥冲车三十六乘，矛戟扶胥轻车一百六十乘。旧注云：“扶胥，车上之蔽。”惠士奇云：“苏与胥古文通，故扶苏一作扶胥，盖秦汉间语，周之藩盾也。建之乘车，以蔽左右，军旅会同，前后拒守，在车两藩，故曰藩盾。止则设焉，严其守也；行则敛焉，利其行也。王之乘车则然。若凡兵车，虽行亦设之。《掌舍》注谓阻险之处，王行止宿，次车为藩，以备非常。然则设车宫，建藩盾，掌舍设之，司戈盾建焉。”案：惠谓扶苏即扶胥是也。其谓藩盾设于掌舍之车宫，以在车藩得名，虽非郑义，然与《六韬》合。《周书·大明武篇》云：“轻车翼卫，在戎二方。”亦即《六韬》武卫武翼扶胥及轻车之制，是扶胥实设于兵车，惠说亦得备一说。[①]

孙氏引惠士奇说谓，“扶苏”又作“扶胥”，秦汉称“扶胥”，周时称“藩盾”。建于兵车之左右，以为藩蔽。兵车停止时设之，行进

① (清)孙诒让撰，王文锦、陈玉霞点校《周礼正义》，中华书局，2013年，第2551页。

时则收起。惠氏说“扶苏”可谓详明，故孙氏引之。

除了解释郑玄作注之本意，贾氏亦时常疏通本经前后郑注之异同，以及本经与他经郑注之异同，从中可以窥见贾氏试图折中郑注异说，使其相互贯通之努力。如，《地官·序官》“掌染草，下士二人，府一人，史二人，徒八人”，郑注：“染草，蓝、蒨、象斗之属。”贾疏云：

> 案：其职“掌以春秋敛染草之物”，亦征敛之官，故在此。蓝以染青，蒨以染赤，象斗染黑。案：其职注云：“染草，茅蒐、櫜芦、豕首、紫茢之属。”二注不同者，染草既多，言不可尽，故互见，略言耳。①

贾氏并不真正关心郑注所云“蓝、蒨、象斗之属”究竟为何物，其更在乎为何郑注两处同释“染草”而有所不同。孙诒让仍关注于名物本身，《正义》曰：

> 云“染草，蓝、蒨、象斗之属”者，《说文·艸部》云：“蓝，染青草也。”《尔雅·释草》云：“葴，马蓝。”郭注云：“今大叶冬蓝也。”《月令》：“仲夏，毋艾蓝以染。”《尔雅》又云：“茹藘，茅蒐。”郭注云：“今之蒨也，可以染绛。”《说文》云：“茜，茅蒐也。茅蒐，茹藘，人血所生，可以染绛。”《诗·郑风·

① (汉)郑玄注，(唐)贾公彦疏，彭林整理《周礼注疏》，上海古籍出版社，2010 年，第 329 页。

东门之墠》孔疏引陆玑疏云:"茹藘,茅蒐,蒨屮也。一名地血。齐人谓之茜,徐州人谓人牛蔓。"案:《说文》无蒨字,盖即茜之俗。《说文》又云:"草,草斗,栎实也。一曰象斗子。"又《木部》云:"栩,柔也,其皂一曰样。样,栩实也。"案:象斗即草斗,俗作皂斗。象正字当作样,与象音同,故亦谓之象斗。《释文》云:"象本又作橡。"橡即样之俗。《诗·唐风·鸨羽》孔疏引陆疏云:"徐州人谓栎为杼,或谓之栩。其子为皂,或言皂斗。其壳为汁,可以染皂。今京洛及河内多言杼斗。"或言橡斗是也。此象斗为木,通言之亦为染草,互详《大司徒》疏。贾疏云:"蓝以染青,蒨以染赤,象斗染黑。案其职注云:'染草,茅蒐、橐芦、豕首、紫茢之属。'二注不同者,染草既多,言不可尽,故互见略言耳。"①

对比是明显的。贾疏着眼于郑玄《地官·序官》与《掌染草》本职同释"染草"而注文不同的深意,即染色之草繁多,郑注采用互见法各举一边以省文,两注合观才完整。而孙氏《正义》从染草本身出发,首先从《说文》《尔雅》《经典释文》等字书里寻找训诂依据,然后又于经史子集文献中寻找实例证明,分别论证了"蓝"为染青色之草;"蒨",正字作茜,为染绛色之草;"象斗"即栎实、皂斗,为染黑色之物。最后虽引贾疏内容作结,但孙氏之重点仍在名物考据上,援引贾说只起补充作用。虽然只是从文

① (清)孙诒让撰,王文锦、陈玉霞点校《周礼正义》,中华书局,2013年,第679页。

献中考据征实，但孙氏所体现的科学求是精神与贾氏义疏学方法判为二途。

又如，《天官・玉府》“若合诸侯，则共珠槃、玉敦”，郑注云：“敦，槃类，珠玉以为饰。古者以槃盛血，以敦盛食。”贾疏云：

言“敦，槃类”者，案：《明堂位》“有虞氏之两敦”，郑玄云：“制之异同未闻。”此云槃类者，以经云玉敦，与珠槃相将之物，故云槃类。其制犹自未闻也。[1]

贾氏并不着意于“敦”字本来之义，因《礼记・明堂位》“有虞氏之两敦，夏后氏之四连，殷之六瑚，周之八簋”，郑玄云“皆黍稷器，制之异同未闻”，此处郑说云“敦，槃类”，贾氏的任务是解释郑玄为何一词而两说，孙诒让则给予科学的训释，《正义》云：

注云“敦，槃类”者，《广雅・释器》云：“螯，盂也。”螯敦字同。《诗・卫风・氓》孔疏引孙炎《尔雅注》云：“敦器似盂。”《士丧礼》云：“黍稷用瓦敦，有盖。”又“启会面足”。注云：“敦有足，则敦之形如今酒敦。”《少牢馈食礼》云：“主妇自东房执一金敦黍，有盖。”又云“敦皆南首”。注云：“敦有首者，尊者器饰也。饰盖象龟形。”贾氏彼疏引《孝经・钩命决》云：“敦，规首，上下圜相连。”聂氏《三礼图》引《旧图》

① (汉)郑玄注，(唐)贾公彦疏，彭林整理《周礼注疏》，上海古籍出版社，2010年，第214页。

云:"敦受一斗二升,漆赤中,大夫饰口以白金。"案:《少牢》注谓敦"饰盖象龟形",盖者疑辞。贾彼疏谓唯盖象龟,聂图从之,非郑旨也。依郑、孙诸说,则敦之形制,盖与簋相近,亦有首、有盖、有足。又有无足者,《士丧礼》谓之废敦,注云"废敦无足者"是也。此玉敦当有足,与金敦同。金鹗云:"《明堂位》,有虞氏之两敦,周之八簋。是敦为虞器,周用簠簋,亦兼用敦。然簠簋为天子诸侯之器,而敦则大夫士用之。《内则》言父母之敦牟,非馂莫敢用,是大夫士常食用敦也。《士昏礼》'黍稷四敦,皆盖',是昏礼用敦也。《少牢馈食礼》'主妇执一金敦黍',又云'上佐食取黍稷于四敦'是祭祀用敦也。《士丧礼》'朔月奠,有黍稷,用瓦敦',《士虞礼》'赞设二敦于俎南',是丧礼用敦也。经典并无天子用敦之文。玉府玉敦,会盟所用器,非祭器也。《九嫔》'凡祭祀赞玉齍'玉齍者,玉簠簋也。郑注'玉齍,玉敦',误。"①

孙氏据《广雅》《尔雅注》谓"敦,盂也",又据《仪礼·士丧礼》《少牢馈食礼》郑注,谓"敦"之形制为有盖、首、足。引金鹗说,亦引其例证也。孙氏的名物考据方法是从字书中求训诂,从经子文献中求例证,二者相结合,保证了训释的客观与严谨。

① (清)孙诒让撰,王文锦、陈玉霞点校《周礼正义》,中华书局,2013年,第462—463页。

## 二、《正义》引贾疏形式

孙氏《正义》以实事求是为鹄的，对每一经、注都审慎考据，丝毫不敢马虎。对待贾疏亦是如此，或肯定，或质疑，或否定，或匡谬，他都言之有据，不作凿空之论。贾疏所言是者，孙氏直接采用；所言非者，孙氏先录原疏，后附案语予以匡纠，充分体现了其客观求实的治学精神。孙氏使用频率最高的案语有“贾说是也”“贾说深得郑旨”“贾说非也”“（贾说）失郑旨”“贾说未析”“贾说未憭”等。以下依案语类别一一予以考述。

实际上，孙氏所引贾疏有相当一部分并无案语，虽然没有案语，也是经过孙氏考据而认定为是者。例如，《地官·遂人》“掌邦之野”，郑注云：“郊外曰野。此野谓甸、稍、县、都。”《正义》云：

> 云“此野谓甸稍县都”者，《县师》注义同。谓甸距王城二百里，于中制六遂，自遂至都，通称野也。贾疏云：“从二百里至五百里皆名野者，此遂人不言掌遂，又见下文云‘以达于畿’，明遂人掌野通至畿疆也。但遂人虽专掌二百里之中，乃兼掌三百里以外，其有沟洫井田之法，皆知之也。”①

---

① (清)孙诒让撰，王文锦、陈玉霞点校《周礼正义》，中华书局，2013年，第1121页。

因郑注本身并不难懂，贾氏训释起来亦得心应手，故孙氏通常直引而不加任何案断，《正义》中此类例子最多。

### （一）贾说是也

郑注简约，有不易察知或容易歧义者，贾疏发挥得当，孙氏赞其“是也”。例如，《天官·大宰》“以九职任万民：一曰三农，生九谷；二曰园圃，毓草木；三曰虞衡，作山泽之材”，郑注云：“虞衡，掌山泽之官，主山泽之民者。”孙氏《正义》云：

> 云“虞衡掌山泽之官，主山泽之民者”者，贾疏云：“案《地官》，掌山泽者谓之虞，掌山林者谓之衡，则衡不掌山泽。而云虞衡作山泽者，欲互举以见山泽兼有川林之材也。郑既云虞衡掌山泽之官，复云山泽之民者，欲见虞衡是官，非出税之人，以山泽之民无名号，故借虞衡之官，以表其民。所任者，任山泽之万民。山虞泽虞之官，非是以任出税之物，但主山泽之民也。”案：贾说是也。山林川泽之民，属于虞衡，故即名其民职曰虞衡，亦通谓之虞。《史记·货殖传》引《周书》云：“农不出则乏其食，工不出则乏其事，商不出则三宝绝，虞不出则财匮少。财匮少而山泽不辟矣。”①

“衡”掌山林不掌山泽，但郑注却云“虞衡，掌山泽”，贾氏谓郑注

① （清）孙诒让撰，王文锦、陈玉霞点校《周礼正义》，中华书局，2013年，第86页。

是运用互举法，即举山泽而兼包山林。又谓虞衡非掌山泽万物，而是掌山泽之民使其供出税之物。贾说得之，故孙氏云“贾说是也”。孙氏又引《史记·货殖传》“虞不出则财匮少”，证“虞”官掌山泽，史有明文。又如，《春官·司尊彝》“凡四时之间祀追享朝享，祼用虎彝、蜼彝，皆有舟”，郑注云：“朝享，谓朝受政于庙。”孙氏《正义》云：

> 云“朝享谓朝受政于庙”者，据《春秋经》告朔有朝庙，破先郑以朝享为祫之说，谓受十二月政，因而有朝庙之祭也。贾疏云：“谓天子告朔于明堂，因即朝享。朝享即《祭法》谓之月祭，故《祭法》云：‘考庙、王考庙、皇考庙、显考庙、祖考庙，皆月祭之。二祧享尝乃止。’诸侯告朔于大庙，因即朝享。《祭法》云：‘诸侯考庙、王考庙、皇考庙，皆月祭之；显考、祖考，享尝乃止。’告朔，天子用牛，诸侯用羊，月祭皆大牢也。若然，天子告朔于明堂，则是天子受政于明堂。而云受政于庙者，谓告朔自是受十二月政令，故名明堂为布政之宫，以告朔讫，因即朝庙，亦谓之受政，但与明堂受朔别也。”案，贾说是也。《论语·八佾篇》，子贡欲去告朔之饩羊。《诗·周颂·我将》孔疏引郑注云：“诸侯告朔以羊，则天子特牛焉。”《玉藻》注云：“明堂在国之阳，每月就其时之堂而听朔焉。凡听朔，必以特牲告其帝及神，配以文王、武王。”此并说告朔礼也。《论语集解》又引郑注云：“牲生曰饩。礼，人君每月告朔于庙，有祭，谓之朝享

> 也。”此说告朔后朝庙之祭，此注所谓朝享也。故《玉藻》孔疏云：“天子告朔以特牛，诸侯告朔以羊，其朝享各依四时常礼，故用大牢。故《司尊彝》朝享之祭，用虎彝、蜼彝、大尊、山尊之等，是其别也。”又引熊氏云：“周之天子于洛邑立明堂，唯大享帝就洛邑耳。其每月听朔，当在文王庙也。以文王庙为明堂制故也。”案：孔述郑义与贾同，分别二礼最析。①

贾氏谓：告朔，天子用牛，诸侯用羊，月祭皆大牢也。孙氏赞同贾说，并引《礼记·玉藻》孔疏“天子告朔以特牛，诸侯告朔以羊，其朝享各依四时常礼，故用大牢”以证贾说不诬。

以上二例，孙氏皆以贾疏为是，同时又补充部分例证以支持贾说。

### （二）贾说深得郑旨

郑玄解经善用推约之法，贾氏亦师其意，每每得之，孙氏便赞其“深得郑旨”。如，《春官·司尊彝》“春祠夏禴，祼用鸡彝、鸟彝，皆有舟；其朝践用两献尊，其再献用两象尊，皆有罍，诸臣之所昨也。秋尝冬烝，祼用斝彝、黄彝，皆有舟；其朝献用两著尊，其馈献用两壶尊，皆有罍，诸臣之所昨也。凡四时之间祀追享朝享，祼用虎彝、蜼彝，皆有舟；其朝践用两大尊，其再献用两山尊，皆有罍，诸臣之所昨也”，郑注云：“此凡九酌，王及后各

---

① （清）孙诒让撰，王文锦、陈玉霞点校《周礼正义》，中华书局，2013年，第1531—1532页。

四,诸臣一,祭之正也。以今祭礼《特牲》《少牢》言之,二祼为奠,而尸饮七矣,王可以献诸臣。《祭统》曰:‘尸饮五,君洗玉爵献卿。’是其差也。”孙氏《正义》云:

> 引《祭统》曰:“尸饮五,君洗玉爵献卿,是其差也”者,明王礼九献讫,尸饮七而献诸臣,故侯伯礼七献讫,尸饮五而献诸臣,是其降杀以两之差也。《祭统》云:“尸饮五,君洗玉爵献卿,尸饮七,以瑶爵献大夫,尸饮九,以散爵献士及群有司,皆以齿,明尊卑之等也。”郑彼注云:“尸饮五,谓酳尸五献也。大夫士祭,三献而献宾。”贾疏云:“彼据侯伯礼,宗庙七献,二祼为奠不饮,朝践已后,有尸饮五,献卿;即天子与上公同九献,二祼为奠不饮,是尸饮七可以献诸臣。若然,子男五献者,二祼为奠不饮,是尸饮三可以献卿,故郑云‘是其差’。皆当降杀以两,大夫士三献,无二祼,直有酳尸三献,献祝是也。”案:贾谓《祭统》据侯伯七献者,言至诸臣再献,而尸饮五,可以献卿,盖深得经注之旨。[1]

贾氏据郑注所引《祭统》“尸饮五,君洗玉爵献卿”,谓彼为侯伯礼,七献,尸饮五而献诸臣,并据此类推,天子、上公九献,尸饮七而献诸臣;子男五献,尸饮三而献诸卿;大夫、士三献,亦尸饮三而献诸祝。贾氏推约郑氏之旨,可谓得之,故孙氏云“深得经

---

① (清)孙诒让撰,王文锦、陈玉霞点校《周礼正义》,中华书局,2013年,第1523页。

注之旨”。

如果贾疏所言非是，孙氏便博稽诸家精义，考辨其是非。其纠谬的部分更能体现严谨扎实的考据功底。孙氏匡纠贾疏常用的案语有“贾说未析”“贾说未憭”“贾说非也”“贾说非郑旨”“贾说失郑旨”等。

**（三）贾说未析**

《夏官·射人》“掌国之三公、孤、卿、大夫之位，三公北面，孤东面，卿、大夫西面。其挚，三公执璧，孤执皮帛，卿执羔，大夫雁”，郑注云：“《燕礼》曰：‘公升，即位于席，西乡，小臣纳卿大夫，卿大夫皆入门右，北面东上。士立于西方，东面北上。’”贾疏云：

> 引《燕礼》者，欲见天子诸侯朝、燕、射三者位同之义。①

孙氏《正义》云：

> 《燕礼》卿大夫士位，本与此经不同，而郑引之者，郑意此经所云，乃入门得王揖后，各就其本位；《燕礼》所云，乃初入门待揖之位也。《司士》注说朝位云：“公及孤卿大夫始入门右，皆北面东上，王揖之，乃就位。”盖郑谓朝礼、射

① （汉）郑玄注，（唐）贾公彦疏，彭林整理《周礼注疏》，上海古籍出版社，2010年，第1173页。

礼初入门时，亦如《燕礼》，卿大夫入门右，北面，士立于西方，东面；待王揖就位，则三公北面，孤东面，卿大夫西面，如此经之位。其《燕礼》公降揖后，则卿移而西面，大夫仍北面，士仍东面，与此经不同也。郑欲见初入门之位与彼同，故引彼文补经文之所未及耳。贾说未析。[①]

《正义》谓，此《射人》为王臣列朝之正位，《燕礼》所云为初入门未揖之位。依郑注，初入门未揖之位，朝礼、射礼、燕礼并同；既揖之位，三礼则有别。郑玄引《燕礼》欲见初入门之位与此《射人》同。然贾疏只是笼统地说“欲见天子诸侯朝、燕、射三者位同之义”，并未细别初入门未揖以及既揖之朝位，故孙氏云“贾说未析”。

**（四）贾说非也**

如果说孙氏言“贾说未析”，还表明贾疏尚有合理之处的话，那么《正义》言“贾说非也”，则说明贾疏完全训释错了。如，《秋官·朝士》“凡有责者，有判书以治，则听”，郑注云：“谓古者出责之息，亦如其国服与。”孙氏《正义》云：

云“玄谓古者出责之息，亦如国服与”者，后郑释责为称责，破先郑义也。贾疏云：“案《泉府》云：‘凡民之贷者，以国服为之息。’彼谓贷官物之法。今此是私民出责之法，

① （清）孙诒让撰，王文锦、陈玉霞点校《周礼正义》，中华书局，2013年，第2423页。

> 无正文，约与之同，故云‘与’以疑之。若然，国服者，如地之出税。依《载师》近郊十一之等，若近郊，民取责，一岁十千出一千，远郊二十而三者，二十千岁出三千，已外可知之。”案：贾说非也。如国服者，亦如彼四等税法，或二十而一，或十一，或二十而三，或十二，或二十而五，不论何地，出息轻重各随其所便利，至重不得逾此耳。非必分地而区其等率也。①

“如国服”，是说如国服之四等税法，而不是如国服区分地理位置而出税。贾氏理解有误。

除了“贾说非也”，孙氏案语云贾说“非郑旨”或“失郑旨”表达的也是相同的意思。如，《春官·司服》“王之吉服，祀昊天、上帝，则服大裘而冕，祀五帝亦如之。享先王，则衮冕。享先公、飨、射，则鷩冕。祀四望、山川，则毳冕。祭社稷、五祀，则希冕。祭群小祀，则玄冕”，郑注云：“希刺粉米，无画也，其衣一章，裳二章，凡三也。玄者衣无文，裳刺黻而已，是以谓玄焉。凡冕服皆玄衣纁裳。”孙氏《正义》云：

> 云“希，刺粉米无画也”者，贾疏云：“衣是阳，应画。今希冕三章，在裳者自然刺绣；但粉米不可画之物，今虽在衣，亦刺之不变，故得希名，故郑特言粉米也。然则毳冕之

① (清)孙诒让撰，王文锦、陈玉霞点校《周礼正义》，中华书局，2013年，第2827页。

粉米亦刺之也。”案：郑意黹冕服以黹为名，明衣裳皆用绣，与它服衣画裳绣异，非谓粉米必不可画也。毳冕之粉米，自画而不绣。贾说非郑旨。[①]

贾氏认为粉米为不可画之物，故希冕上衣下裳皆刺绣。毳冕与希冕同，其粉米亦刺绣。孙氏则认为，上衣画而下裳绣是服之通例。但“黹冕”之所以上衣与下裳皆刺绣，盖因“黹”即刺绣之意，而非因粉米不可画，则毳冕之粉米仍应是画而非绣。故孙氏认为贾说非是。

孙氏《正义》考证之严谨，内容之翔实，不仅是前无古人，将来或再无可能出现与其相当或可超越其的著作。同样尊崇郑注，贾公彦始终跳不出“疏不破注”的牢笼。孙诒让与贾公彦截然不同，他能够摆脱以往注疏家曲护郑注的局限，就事论事，靠证据论断，将郑玄、贾公彦的错误一一纠谬，“所发正数十百事”。孙氏《正义》于《周礼》学居功至伟，对郑注贾疏又何尝不是？

## 本章小结

宋、元、明时期，治经以义理为本。在难注甚至难经的时代思潮下，贾氏“疏不破注”的训释方法被舍弃。宋王与之、明王

① (清)孙诒让撰，王文锦、陈玉霞点校《周礼正义》，中华书局，2013年，第1633页。

志长所甄采贾疏唯在名物训诂者，阐释经义、注义而得之者，至于贾氏折中调和本经郑注及本经郑注与他经郑注相互矛盾之处则基本被舍弃。作为对宋明理学的反拨，清代经学研究以实事求是为宗旨，《周礼》研究亦如是。孙诒让《周礼正义》将贾疏原原本本考证一番。贾疏所言是者，孙氏采纳；贾疏所言非者亦不删除，而是详加考证，予以纠谬。由此不难发现，贾疏的命运是与时代的治经风气紧紧联系在一起的。

# 余　论

以上各章分别对贾疏体式与内涵特性、训释内容、因袭旧疏以及对后世《周礼》学影响等问题进行了探讨，本章拟就贾疏的得失略作检讨，并对贾疏在经学史上的地位作一评价。

## 一、前人对贾疏的评论

前人对贾疏的评论，有褒有贬，难以一概论之。褒扬者，如晁公武《郡斋读书志》论贾疏云："世称其发挥郑学，最为详明。"[①]着重于贾疏发明郑注方面。《四库全书总目》亦持同调："公彦之疏，亦极博核，足以发挥郑学。《朱子语录》称，五经疏中，《周礼疏》最好。"[②]黄侃《礼学略说》云："贾疏《周礼》，郅为简当，虽不无委曲迁就，而精粹居多；故孙氏新疏仍用者，十之

---

① （宋）晁公武撰，孙猛校证《郡斋读书志校证》，上海古籍出版社，1990年，第99页。

② （清）永瑢等《四库全书总目》，中华书局，1965年，第149页。

七八也。”[1]黄侃认为贾疏的特点是“简当”，虽有折中弥缝郑注之病，总体上还是精义居多。钱玄的观点与此类似：“贾氏《周礼正义》简约平实。朱熹《语类》：‘五经注疏，《周礼》最好。’盖以《周礼》本身行文整齐，故贾氏《周礼正义》亦有条不紊，阐义亦周。其博或不及孔氏，而精细则过之。”[2]

然前人亦有箴贾疏之失者。《援鹑堂笔记》方东树案语云：“贾释《周》《仪》二礼，私撰之书，于康成之注，最为有功。特文辞拙晦，多不明了，不如孔五经疏之畅，又所发挥殊不得其肯綮。”[3]孙诒让《周礼正义·略例十二凡》论贾疏之不足则更具体：“贾疏盖据沈重《义疏》重修，在唐人经疏中，尚为简当……贾氏释经，随文阐意，或与注复，而释注转多疏略；于杜郑三君异义，但有纠驳，略无申证，故书今制，掔核阙如。”[4]

亦有兼论贾疏之功过者，如阮元《惠半农先生礼说序》云：“十三经义疏，《周礼》可谓详善矣。贾公彦所疏者，半用六朝礼例，于礼乐、军赋诸大端，皆能引据明赡，所考证者，多在九经诸纬，而于诸子百家之单词精义，以及文字之假借，音读之异同，汉制之存亡，汉注之奥义，皆未能疏证发明之。”[5]

---

① 洪治纲主编《黄侃经典文存》，上海大学出版社，2008 年，第 269—270 页。

② 钱玄《三礼通论》，南京师范大学出版社，1996 年，第 59—60 页。

③ （清）姚范《援鹑堂笔记》卷八，清道光刻本。

④ （清）孙诒让撰，王文锦、陈玉霞点校《周礼正义·略例十二凡》，中华书局，2013 年，第 2 页。

⑤ （清）阮元撰，邓经元点校《揅经室集》，中华书局，1993 年，第 239 页。

以上所见为前人对贾疏得失的评论，所举虽未能赅备，但基本可以见其梗概。

## 二、贾疏得失略论

贾疏的主要成就仍在于发挥郑学，这是没有疑义的，不然，集《周礼》学于大成的孙诒让《周礼正义》也不会对其“十存七八”。方东树谓贾疏对郑注“发挥殊不得其肯綮”，主要是指其在文字、音韵训释方面不得要领。当然，贾疏也间有误会郑旨或牵强附会之处。贾疏为义疏之体，义疏体的特点就是融会贯通，疏通疑义。贾氏释经、注，每每欲本经上下文相互照应，或本经与他经相互参证，这本是贾疏的长处。然而，智者千虑必有一失，即便贤如郑玄，也不可能不犯差错。若郑注有误，贾疏又极力弥缝，其训释就会变成曲为申说，牵强附会。同时，贾氏也非完人，难免有疏失之时，偶有不达郑旨也在情理之中。

至于孙诒让《周礼正义》评贾疏“于杜郑三君异义，但有纠驳，略无申证，故书今制，罣核阙如”，乔秀岩认为：“‘略无申证’‘罣核阙如’，诚如其说，唯不可以为贾疏之失。何谓？学术不同也。若使此《周礼疏》而为清人著作，庸陋至极，殊不足观；而其实为六朝隋唐之义疏学著作，自不可以实事求是责之。”[①]乔

① 乔秀岩《义疏学衰亡史论》，生活·读书·新知三联书店，2017年，第215页。

说是也。贾公彦解释郑注，旨在宣明郑玄作注之意，即郑注说了什么，何以这样说。至于名物、制度之实，其并不在意，所谓“求通不求是”是也。这与清人考据学求真、求实之追求大异其趣。但因此而以为贾疏之失，则有失客观。须知，一代有一代之学风。其实不独贾疏，孔颖达的《五经正义》以及此前南北朝诸义疏家，亦莫不专宗一家之注。所以，时代风气使然，亦不必苛责于贾氏。

惠士奇谓贾疏“于诸子百家之单词精义，以及文字之假借，音读之异同，汉制之存亡，汉注之奥义皆未能疏证发明之”，与孙诒让如出一辙。惠氏亦是以清人之学术眼光看待贾疏的。传统的经学训诂，基本都是在经典中寻找训释依据。这些经典主要包括《易》《诗》《书》《春秋》《三礼》《论语》《孟子》等经书。只有建立在经典上的文本才具有合法性。郑玄注《周礼》，亦主要是在经典中寻找训释的根据和来历，偶尔亦涉谶纬。贾氏《周礼疏》主要为发挥郑注，故也主要以九经及诸纬为训释依据。惠氏所说诸子百家精义，在汉唐学者眼中根本算不得经典，故而训诂时自然不会被列入参考范围。谓“文字之假借，音读之异同”未能疏证发明，贾疏的确存在这个问题。郑注说明假借有一套术语，如“当为”“声之误”“读曰”“读为”等，有时则直接冠以“假借”之语，然贾氏却不擅此法。贾疏只是在郑注已经明言为假借的基础上略作疏通，且并未如“互见为义”“望文为义”等义例那样，能对郑注此种义例作概括与总结。因不明假借，贾疏误会郑注处亦不少。如，《天官·酒正》“辨五齐之名，一曰泛齐，二曰醴齐，三曰盎齐，四曰缇齐，五曰沈齐”，郑注云：“盎犹翁也，成而翁翁然，葱白色，如今酇白矣。”贾疏云：“云‘如今酇白矣’者，汉时萧何所封南阳地名酇。”①孙氏《正义》辨析贾氏之失云：“《释文》云：‘酇白即今之白醝酒也。宜作醝。作酇，假借也。’案：《续汉书·郡国志》，酇县有二：一属南阳郡，一属沛国。萧何初封在沛，其字本作鄌，故《说文·邑部》云：‘鄌，沛国县。’今酇县。后高后封何夫人，则在南阳酇。鄌酇异字异音，《续汉志》始误为一字。与醝同音者，自是鄌字。《史记·萧相国世家》《索隐》引邹诞生云：‘酇，属沛郡，音嵯；属南阳，音赞。’邹氏虽亦以鄌为酇，而音则不误。贾以此注酇为南阳地名，非也。依陆说，则酇为醝之借字，说与贾异。《御览》引《礼记外传》云：‘盎齐今之白醝酒也。’亦与陆同。惠士奇申陆说云：‘酇读为醝，《广雅·释器》：“醝，酒也。”《南史·王玄谟传》宋孝武《四时诗》，所谓白醝解冬寒也。’黄以周说同。丁晏亦云：‘《玉篇·酉部》：“醝，白酒也。”《一切经音义》引《通俗文》“白酒曰醝”。贾疏以酇为地名，非也。’案：惠、丁说是也。《北堂书钞·酒部》引孙诜《三公山下禊赋》，亦云‘九酝白醝’。据张华云‘宜城九酝醝’，则白醝似亦出宜城。沛国之鄌，南阳之酇，皆不闻出美酒，其为声近假借字明矣。”②孙氏广引诸家之

---

① （汉）郑玄注，（唐）贾公彦疏，彭林整理《周礼注疏》，上海古籍出版社，2010 年，第 162 页。

② （清）孙诒让撰，王文锦、陈玉霞点校《周礼正义》，中华书局，2013 年，第 344—345 页。

说，指出贾氏致误之由，甚为详核。孙氏援引陆德明《经典释文》说认为，“鄭”应为“醝”之假借字，“鄭”“醝”音相近，故为借字也。贾氏不明，将“鄭”训为南阳地名，实为误之远也。

又如，《春官·巾车》“王之丧车五乘：木车，蒲蔽，犬禖尾櫜，疏饰，小服皆疏”，郑注云：“木车，不漆者。郑司农云：‘蒲蔽，谓羸兰车以蒲为蔽，天子丧服之车，汉仪亦然。’”贾疏云：“先郑云‘谓羸兰车’者，此举汉时有羸长兰乘不善之车，故举以说之也。”[①]孙氏《正义》云：“郑司农云‘蒲蔽谓羸兰车以蒲为蔽，天子丧服之车，汉仪亦然’者，羸，注疏本作‘羸’。贾疏云：‘此举汉时有羸长兰乘不善之车，故举以说之也。’丁晏云：‘《集韵·三十四果》：“羸兰，车名，丧服所乘。”《续汉书·舆服志》：“小使兰舆，赤毂。此谓追捕考案，有所敕取者之所乘也。”’案：丁说是也。贾释羸兰为羸长兰，其义未闻。《释文》云：‘羸，鲁火反，刘又音果。’依刘、陆读，则羸盖羸之借字，疏作羸，即羸之俗。兰盖即车阑，羸兰疑谓车阑羸露，无革缯之冡覆，惟以蒲蔽之而已。”[②]依孙说，注疏合刻本引先郑始作“羸兰”，先郑本作“羸”。“羸”是“羸”之借字，“羸”是“羸”之俗字。贾训“羸兰车”为“羸长兰乘不善之车”，则羸长兰似为人名，与丧车离之甚远，不确。

以上二例，皆因贾氏不明假借而误释。贾疏基本是以经、

---

① (汉)郑玄注，(唐)贾公彦疏，彭林整理《周礼注疏》，上海古籍出版社，2010年，第1043页。

② (清)孙诒让撰，王文锦、陈玉霞点校《周礼正义》，中华书局，2013年，第2171页。

注本字为释，绝少破字为训，所以我们说贾氏不明假借音训，是有根据的。

## 三、《周礼疏》的经学地位

### （一）贾疏对郑注及《周礼》作了浅近易晓的训释，有功于郑学，亦有助于《周礼》

贾疏基本能够领会郑注之旨，绝大部分疏文都能发挥郑注奥义。《周礼》郑注简洁精当，无论训释文字名物还是礼制仪节，郑注通常只下结论，很少枝蔓。贾疏的贡献就在于，它往往能够找到郑玄作注的依据，并且能够揭明郑玄为注之本意。可以说，这是贾疏的全部精髓所在，也是贾疏有功于郑学之所在。郑氏解经有诸多方法，比如推约之法、互文见义、以今况古等。贾疏一方面很好地总结了郑氏的这些解经方法，另一方面又能够以郑氏之法解释经、注，这是另一种形式的发挥郑学。义疏体的特点可概括为“求通不求是”，具体到贾疏，就是求诸郑注融会贯通。贾氏认定郑学是一个能自圆其说的体系，其所做就是尽可能使本经前后之郑注互相照应，本经与他经之郑注互相参证，为此其不遗余力。但诸经郑注难免有抵牾之处，而贾疏仍极力折中调和，因此不免有牵强附会之弊。虽然贾疏有时对经、注作了错误的训释，但这并不影响整部贾疏的价值。也正因此，贾疏自南宋被选入《十三经注疏》始，历经元、明、清几代，其作为对《周礼》经、注的权威训释从未改变，这也是对贾公彦

《周礼疏》所取得成绩的最好肯定。

### （二）贾疏在《周礼》学史上具有承先启后的枢纽地位

说其承先，前面已经分析，贾疏是在继承南北朝礼学旧疏的基础上完成的。孙诒让认为贾疏乃据南北朝时沈重《周官礼义疏》而成，本书又考辨出贾疏多处袭用南北朝时熊安生、崔灵恩二家之礼说。但这样说并不表明贾氏没有创见，他对郑注的种种发明，以熊安生说为宗，对崔灵恩说择善而从，去取自有判断，均体现了独立的礼学思考。贾疏经官方颁行后，其余《周礼》学著作便逐渐退出了历史舞台，从这个意义上来说，贾疏对南北朝《周礼》学说进行了一次总结。说其启后，贾疏影响了此后千余年间的《周礼》研究。可以这样说，后世治《周礼》者，但凡重视郑注，皆不能舍贾疏。即使在治经以义理为宗，不尚注疏的宋、元、明时期，还是有王与之《周礼订义》、王志长《周礼注疏删翼》这样大量保留贾疏的著作。清代朴学兴起后，学者们将实事求是的考据方法带入经学研究中，他们治《周礼》，对郑注贾疏充分尊重的同时，遇有牾违，总少不了订讹纠谬。江永《周礼疑义举要》融会郑注，参以新说，于经义多所阐发，于典制名物亦多有考述。其论名物典制不时会出现对贾疏是非的考辨。换言之，江氏无法绕过贾疏而谈《周礼》名物典制。王鸣盛《周礼军赋说》亦以《周礼注疏》为基础，书中屡屡援引贾疏作“正义”。其认为贾疏是者，则采纳；认为非者，则匡纠。可见，王氏亦不能离开贾疏而言《周礼》之军赋田税。贾疏对清代《周礼》学影响最大者莫过于孙诒让《周礼正义》。孙氏《正义》博稽诸家说经之所长，对贾疏进行了全面的考证，其甄采贾疏“十之七八”，最终促成了这部《周礼》学的集大成之作。历史表明，只有以郑注贾疏为根柢，并对其进行历史、客观地考辨，《周礼》研究方能具备继续向前发展的坚实基础。

# 参考文献

**专著类:**


1. 刘文淇《左传旧疏考正》,清道光十八年(1838)刘氏清溪旧屋刻本。

2. 姚范《援鹑堂笔记》,清道光刻本。

3. 宋濂、胡应麟、姚际恒、崔述《古书辨伪四种》,上海:商务印书馆,1935 年。

4. 王溥《唐会要》,北京:中华书局,1955 年。

5. 李昉等《太平御览》,北京:中华书局,1960 年。

6. 永瑢等《四库全书总目》,北京:中华书局,1965 年。

7. 令孤德棻等《周书》,北京:中华书局,1971 年。

8. 李百药《北齐书》,北京:中华书局,1972 年。

9. 曹元弼《复礼堂文集》,台北:文史哲出版社,1973 年。

10. 姚思廉《梁书》,北京:中华书局,1973 年。

11. 魏征等《隋书》,北京:中华书局,1973 年。

12. 李延寿《北史》,北京:中华书局,1974 年。

13. 欧阳修等《新唐书》,北京:中华书局,1975 年。

14. 刘昫等《旧唐书》,北京:中华书局,1975 年。

15. 李延寿《南史》,北京:中华书局,1975 年。

16. 简博贤《今存南北朝经学遗籍考》,台北:黎明文化事业股份有限公司,1975 年。

17. 昌彼得《版本目录学论丛》,台北:学海出版社,1977 年。

18. 陆宗达《训诂简论》,北京:北京出版社,1980 年。

19. 阮元校刻《十三经注疏》,北京:中华书局,1980 年。

20. 李吉甫撰,贺次君点校《元和郡县图志》,北京:中华书局,1983 年。

21. 苏莹辉《敦煌论集续编》,台北:学生书局,1983 年。

22. 杨树达《积微居小学述林》,北京:中华书局,1983 年。

23. 马宗霍《中国经学史》,上海:上海书店,1984 年。

24. 屈万里《书傭论学集》,台北:联经出版事业公司,1985 年。

25. 王与之《周礼订义》,文渊阁《四库全书》影印本,台北:台湾"商务印书馆",1986 年。

26. 王志长《周礼注疏删翼》,文渊阁《四库全书》影印本,台北:台湾"商务印书馆",1986 年。

27. 马端临《文献通考》,北京:中华书局,1986 年。

28. 郭在贻《训诂学》,长沙:湖南人民出版社,1986 年。

29. 刘汝霖《东晋南北朝学术编年》,北京:中华书局,1987 年。

30. 陈振孙撰，徐小蛮、顾美华点校《直斋书录解题》，上海：上海古籍出版社，1987 年。

31. 杜佑《通典》，北京：中华书局，1988 年。

32. 晁公武撰，孙猛校证《郡斋读书志校证》，上海：上海古籍出版社，1990 年。

33. 钟肇鹏《谶纬论略》，沈阳：辽宁教育出版社，1991 年。

34. 林庆彰《中国经学史论文选集》，台北：文史哲出版社，1992 年。

35. 阮元撰，邓经元点校《揅经室集》，北京：中华书局，1993 年。

36. 孙钦善《中国古文献学史》，北京：中华书局，1994 年。

37. 林宝撰，岑仲勉校记《元和姓纂（附四校记）》，北京：中华书局，1994 年。

38. 宁欣《唐代选官研究》，台北：文津出版社，1995 年。

39. 刘俊文笺解《唐律疏议笺解》，北京：中华书局，1996 年。

40. 章权才《魏晋南北朝隋唐经学史》，广州：广东人民出版社，1996 年。

41. 钱玄《三礼通论》，南京：南京师范大学出版社，1996 年。

42. 刘师培《刘申叔遗书》，南京：江苏古籍出版社，1997 年。

43. 班固撰，颜师古注《汉书》，北京：中华书局，1999 年。

44. 黄永年《文史探微》，北京：中华书局，2000 年。

45. 于鬯《香草校书》，北京：中华书局，2000 年。

46. 陈寅恪《隋唐制度渊源略论稿》，北京：生活·读书·

新知三联书店，2001 年。

47. 钱玄等注译《周礼》，长沙：岳麓书社，2001 年。

48. 吴雁南《中国经学史》，福州：福建人民出版社，2001 年。

49. 王锷《三礼研究论著提要》，兰州：甘肃教育出版社，2001 年。

50. 李斌城主编《唐代文化》，北京：中国社会科学出版社，2002 年。

51. 冯浩菲《中国古籍整理体式研究》，北京：高等教育出版社，2003 年。

52. 陶湘编《涉园所见宋版书影》，北京：北京图书馆出版社，2003 年。

53. 王应麟《玉海》，扬州：广陵书社，2003 年。

54. 岑仲勉《金石论丛》，北京：中华书局，2004 年。

55. 杨天宇《经学探研录》，上海：上海古籍出版社，2004 年。

56. 任铭善《无受室文存》，杭州：浙江大学出版社，2005 年。

57. 马国翰《玉函山房辑佚书》，扬州：广陵书社，2005 年。

58. 沈文倬《宗周礼乐文明考论（增补本）》，杭州：浙江大学出版社，2006 年。

59. 刘学智《中国学术思想编年·隋唐五代卷》，西安：陕西师范大学出版社，2006 年。

60. 黄以周《礼书通故》，北京：中华书局，2007 年。

61. 杨天宇《郑玄三礼注研究》，天津：天津人民出版社，2007 年。

62. 洪治纲主编《黄侃经典文存》,上海:上海大学出版社,2008年。

63. 赵翼撰,董文武译注《廿二史札记》,北京:中华书局,2008年。

64. 郑玄注,贾公彦疏,王辉点校《仪礼注疏》,上海:上海古籍出版社,2008年。

65. 钱基博《经学通志》,桂林:广西师范大学出版社,2009年。

66. 周中孚《郑堂读书记》,上海:上海书店出版社,2009年。

67. 牟润孙《注史斋丛稿》,北京:中华书局,2009年。

68. 焦桂美《南北朝经学史》,上海:上海古籍出版社,2009年。

69. 安敏《孔颖达〈春秋左传正义〉研究》,长沙:岳麓书社,2009年。

70. 陈星灿《考古随笔二》,北京:文物出版社,2010年。

71. 刘汝霖《汉晋学术编年》,上海:华东师范大学出版社,2010年。

72. 张宝三《五经正义研究》,上海:华东师范大学出版社,2010年。

73. 郑玄注,贾公彦疏,彭林整理《周礼注疏》,上海:上海古籍出版社,2010年。

74. 朱彝尊撰,林庆彰等主编《经义考新校》,上海:上海古籍出版社,2010年。

75. 邓国光《经学义理》，上海：上海古籍出版社，2011年。

76. 牟钟鉴《涵泳儒学》，北京：中央民族大学出版社，2011年。

77. 陈启智《中国儒学史·隋唐卷》，北京：北京大学出版社，2011年。

78. 马楠《比经推例》，北京：新世界出版社，2012年。

79. 彭林《三礼研究入门》，上海：复旦大学出版社，2012年。

80. 陈澧著，杨志刚编校《东塾读书记(外一种)》，上海：中西书局，2012年。

81. 周予同《经学和经学史》，上海：上海人民出版社，2012年。

82. 李致忠《昌平集》，上海：上海古籍出版社，2012年。

83. 孙诒让撰，王文锦、陈玉霞点校《周礼正义》，北京：中华书局，2013年。

84. 本田成之《中国经学史》，桂林：漓江出版社，2013年。

85. 陈国灿《中国学术编年·隋唐五代卷》，上海：华东师范大学出版社，2013年。

86. 章太炎《太炎文录初编》，上海：上海人民出版社，2014年。

87. 李林甫等撰，陈仲夫点校《唐六典》，北京：中华书局，2014年。

88. 顾炎武著，黄汝成集释，栾保群、吕宗力校点《日知录集释》,上海:上海古籍出版社,2014 年。

89. 潘忠伟《北朝经学史》,北京:商务印书馆,2014 年。

90. 皮锡瑞《经学历史》,北京:中华书局,2015 年。

91. 皮锡瑞《经学通论》,北京:中华书局,2015 年。

92. 乔秀岩《义疏学衰亡史论》,北京:生活·读书·新知三联书店,2017 年。

93. 许慎撰,陶生魁点校《说文解字》,北京:中华书局,2020 年。

**论文类:**

1. 石云孙《"互文"简论》,《修辞学研究》第一辑,上海:华东师范大学出版社,1983 年。

2. 连劭名《西域木简所见〈汉律〉》,《文史》第二十九辑,北京:中华书局,1988 年。

3. 孙良明《古籍译注释词的一条重要原则——谈贾公彦的"望文为义"说》,《古籍整理研究学刊》1992 年第 1 期。

4. 钟明立《〈五经正义〉的"对文"和"散文"》,《江西师范大学学报(哲学社会科学版)》1999 年第 4 期。

5. 岳纯之《唐代法定适婚年龄考》,《历史教学》2006 年第 5 期。

6. 叶纯芳《孙诒让〈周礼〉学研究》,台湾东吴大学博士论文,2006 年。

7. 夏微《〈周礼订义〉研究》,四川大学博士论文,2008 年。

8. 刘卫宁《两晋南北朝儒经义疏研究》，暨南大学博士论文，2008 年。

9. 黄金贵《初谈名物训诂》，《语言研究》2011 年第 4 期。

10. 张帅《南北朝三礼学研究》，山东师范大学博士论文，2013 年。

11. 韩悦《日本京都大学藏〈周礼疏〉单疏旧钞本探论》，《文史》2018 年第 2 辑。

12. 张丽娟《宋两浙东路茶盐司刻八行本〈周礼疏〉传本考——兼论董康影印、影刻〈周礼疏〉卷四十八“虚构宋本”问题》，《文史》2020 年第 1 辑。